中华传统艺术教育系列

倪建林 主编

ZHONGHUA CHUANTONG YISHU JIAOYU XILIE

ZHONGHUA CHUANTONG YISHU JIAOYU XILIE

青铜艺术：冶铸文明

倪建林 著

西南师范大学出版社

XINAN SHIFAN DAXUE CHUBANSHE

序

在文化多元化的当今时代，人们对艺术的热情也几乎达到了历史的顶峰。每年数十万的艺术类高考大军浩浩荡荡，不要说在中国历史上没有过，即使是在人类历史上恐怕也是少有的奇观。当然这只是一个方面，而且其中还有泡沫，艺术成了踏进大学的一扇侧门。我们再看各种艺术品热火朝天的拍卖，一个个天文数字不知触动了多少“热爱”艺术的人的心。在一些“精明的”、具有“商业”头脑的人的心目中，艺术品成了只升不贬的股票，尽管其中充斥着大量毫无艺术价值可言的“废纸”，而使其快速升值的最佳方法就是炒作，这倒是让全社会的人都开始关注艺术了，这究竟是对艺术的崇敬还是对艺术的亵渎？抑或与艺术本身并没有什么关系？真正的艺术家只顾埋头耕耘在自己的艺术世界之中，并不会太在意那些泡沫和“股票”，执著是艺术家的基本素质，尽管执著的人未必都能成为大师，但大师却一定是执著的，这一点早已被艺术史所证实。因此我们也同样能够看到那些真正热爱艺术的艺术家们在满足着自己创造欲的同时，也在为人类创造着精神财富。看到众多暂时抛却功利的人们真正从艺术中获得精神享受的同时，也使自己的人格获得了提升，艺术的真谛其实也已经蕴含其间了。对于艺术而言，再也没有什么比美更重要更本质的了，美只有用心灵才能创造出来，同样也只有用心灵才能与之沟通。美的价值几何，得问心灵的价值几何，回答只能是：无可估量。

艺术的价值是无可估量的，其中原因之一是它能在人间闪烁光辉成千上万年，或者说它是不朽的。数万年前的原始岩画不是至今依然散发着熠熠光彩吗？原始的彩陶、三代的青铜器、秦汉的漆器和画像石、隋唐的壁画、宋代的绘画和瓷器等等，作为物质形态的艺术品，或许我们可以随行就市地给出一个货币的价格，但价格绝不等同于艺术的价值，这一点是毫无争议的。这种具有永恒意义的价值，在很大程度上是与创造者的观念、智慧和技能相联系，并将三者凝聚为抽象的精神意义上的“美”。这种“美”所施于人的是一种精神上的感受。审美是人区别于其他动物的特征之一，因此它既是人所独有也是人之必需。人之于艺术犹如动物之于饮食。丰子恺曾将艺术比作“精神的粮食”，既然是粮食就是生存之必需，没有了物质的粮食，人类就会因饥饿而亡；没有了精神的粮食，人类就将成为与其他动物无异的行尸走肉，也就丧失了人之本质了。由此可见艺术对于人的价值之重要。

当然，艺术决不仅仅是少数几个艺术家画几张画或者唱两首歌那么简单，更不是与大多数人无关的貌似神圣的东西那么高高在上，而是渗透在我们日常生活的方方面面，渗透在我们忙碌的工作或悠闲的业余生活之中。在古代社会，上至帝王将相，下至庶民百姓，艺术的形式虽有不同，但享受艺术的欲望却是相同的。在当今社会，人们更是平等享有享受艺术的权利。同时，所有古代的艺术品(无论当时有着怎样的等级限制)都已成为全社会的财富，人人都可以从中获得艺术的享受。那些面向全社会开放的各种博物馆、美术馆等专门陈列和展示艺术品的场所便是享受艺术的集中地。

尽管人人都有享受艺术、欣赏艺术的欲望和权利，但并非人人都能读懂艺术，都能最大限度地感受艺术的魅力；或者当面对艺术品时，内心能够体验到美的撞击，却不知如何言说。当然，更多的人面对古代艺术品却因为时间相隔久远而难以理解，这里就涉及到对艺术、艺术品和时代背景等方面知识的了解和掌握程度了。最初的艺术是人类因本能的欲望而被创造出来的，一旦被创造出来便成为了文明的一部分。在数千乃至上万年的发展中，人类的文明已是灿烂辉煌、蔚为壮观了，正如马克思在其《1844 年经济学哲学手稿》中所言，“后人要想从这笔巨大的财富中获得艺术的享受，那你就必须是一个有艺术修养的人”。如果要听懂音乐，就要先有“音乐感的耳朵”；要想看懂美术作品，就要有“能感受形式美的眼睛”。从这里我们可以看到他所强调的两个内容，一是修养，二是感觉力。其实这两者是相辅相成的两个方面，一内一外，一偏理性，一偏感性。举例说，我们面对一件彩陶作品，知道这是原始祖先在极其简陋和艰难的条件下所创造出来的一件实用品，其造型有着非常实用的功能，其纹饰既显现了原始祖先的审美观念，也隐含着我们至今仍然难以破解的内涵和意义，更重要的是，其上的装饰奠定了未来数千年视觉艺术创造中所遵循的形式美的基础。有了这样的认识，再去观照一件貌似很平常的原始彩陶器皿的时候，我们自然就会抱着肃然起敬的心态去欣赏它了，眼前也不再只是一只破旧的陶罐而已了。欣赏古代的绘画作品也是同样的道理。这就是我们编写这套丛书的初衷所在。

从大的方面讲，艺术就像是人体内流淌的血液，渗透在人生的方方面面。其形式与内容也是纷繁多样，并且还在衍生出更多新的形态。整个古代的艺术，我们可以将它分为三个基本层次来观察，即宫廷艺术、文人艺术和民间艺术。这三个艺术层次在创作目的、艺术风格和艺术内容方面存在着诸多的不同。简单地讲，宫廷贵族们的艺术追求华贵奢侈，显示权势与财富；文人们通过艺术抒发胸中之逸气，追求雅致和超然之气；民间百姓则通过艺术表达他们最为朴素和真挚的情感，美化生活。民间艺术虽是最基础的层次，但却是蕴育其它层次艺术的土壤，所以我们将其比作“一切艺术之母”。她就像一位慈祥的母亲，儿女们虽已长大自立门户，甚至考取了功名而变得声名显赫，而这位慈祥的老母却仍然一如既往地耕耘在田间地头，无怨无悔，这是多么伟大的身影啊！可惜的是却有升官发财后忘了娘的不孝子存在。不是吗？看不起民间艺术的“艺术家”恐怕并不少。追溯其原因，不懂得艺术诸层次之关系，不懂得艺术的本质究竟是什么，恐怕这才是最重要的两个方面。

从造型艺术发展演变的脉络来看，从人类原始时代起，在相当长的时间里其主要是以实用艺术的形态而存在的；或者说，人类在艺术创造方面的欲望和需求主要是通过实用物为载体的，如建筑的装饰、器物的造型与装饰等等。等到纯粹欣赏性的艺术从实用的艺术中分离出来并独立发展时，在中国已是魏晋以后的事了。在这之前的艺术大多属于装饰艺术的范畴。

艺术的分类是一门学问，分类的方式有多种，一般来说，无论如何分类，总是要有一个基本的统一标准。本丛书先完成的是造型艺术的两个系列共十个类别，即传统工艺美术系列的印染织绣艺术、玉器艺术、漆器艺术、青铜器艺术、陶瓷艺术，传统美术系列的壁画艺术、画像石艺术、中国画艺术、书法艺术和雕塑艺术。这样的分类并不是严格的分类学意义上的分类，也没有包罗中国传统造型艺术的全部，而更多的是为了撰写的方便。

这里有一个观念性的问题是需要先明确的，那就是艺术的门类与整体的关系问题。我们虽然将传统的造型艺术分成十个类别来加以介绍，但这并不表示各门类艺术的发展是完全独立的、彼此没有关联的，相反，不同形态的艺术都是整体的各个部分，都是建立在人这一主体之上的。它们的发生可能有先有后，在发展的过程中也往往存在着一定的时代性，或盛或衰，步调并非一致，甚至互为前提，此消彼长。但在它们的背后有一个看不见的规律在起作用，这也正是我们要特别给予关注的。懂得了艺术发展的内在规律，将个别的艺术品还原到其特定的背景之中作综合性的思考，就能让你在欣赏艺术作品时由表及里，艺术品的优劣和价值的高低才有可能被揭示。在此基础上再对其进行审美的观照时，我们所获得的精神上的享受才会更大，对于艺术本质的理解也将大有裨益。

倪建林
于金陵

目录

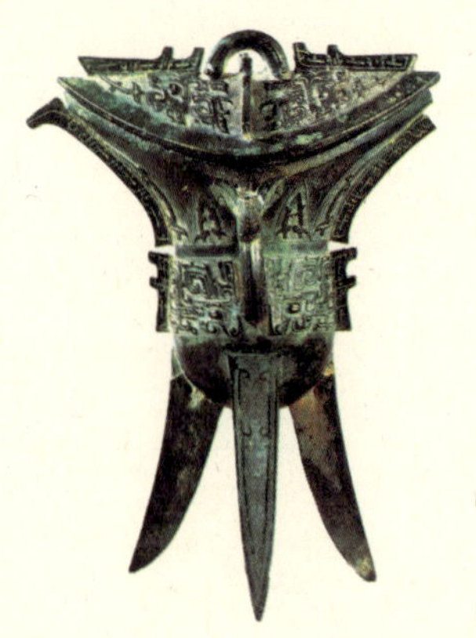

一　夏商时代的青铜器艺术概说

如果说，我们祖先所创造的精美石器和彩陶代表的只是野蛮时期的成就的话，那么，青铜器的问世则可作为文明时代到来的重要标志之一。青铜器的诞生，不仅标志着科技的进步和生产力的提高，也为中国美术的历史谱写了崭新的篇章。因此，从艺术的角度去审视这些辉煌灿烂的创造物时，你将获得旁类艺术所无法替代的审美感受。尤其是当你具备了必要的知识之后，你的审美感受将不再只是停留在感觉的表层，也不再徒有赞叹而不知赞叹之所以了。

所谓青铜，是指红铜与锡或铅的合金，熔点在700℃~900℃之间。在红铜中加入一定比例的锡之后，可以降低熔点，提高硬度。中国青铜器的铸造手法也经过了一个发展过程，即由最初的单范翻铸发展为合范翻铸、块范翻铸，后来还发明了失蜡法的铸造工艺。冶炼技术的提高，浇铸工艺的日渐精湛是中国青铜器之所以能获得如此成就的必要前提。

考古发掘表明，最迟至新石器时代晚期，中国人的祖先已经懂得了冶铜的技艺。1973年在陕西临潼姜寨仰韶文化遗址中发现的一件半圆形残黄铜片，距今已有六七千年的历史；1975年在甘肃东林家马家窑类型遗址中出土的一件用范铸造的青铜刀，是迄今为止所发现的中国最早的一件青铜器物，距今也有5000年左右。然而，中国的青铜器真正得到巨大发展还是在夏、商、周时期，也就是古代儒家所推崇的“三代”，其年代约相当于公元前21世纪至公元前3世纪，历时1700多年，又被称为“青铜时代”，可见青铜器在这一时期的重要地位。

青铜器的形制，不同时期也不尽相同，但就其用途来看大体可分为如下七大类：一、食器（如鼎、鬲、簋、甗、簠、豆、盂等）；二、酒器（如爵、角、觚、尊、壶、卣等）；三、水器（如盘、匜、鉴等）；四、乐器（如铙、钲、钟等）；五、工具（如斧、斤、锛、铲等）；六、兵器（如戈、矛、戟、刀、钺、剑等）；七、杂器（如镜和车马饰等）。由于大量的青铜器在当时主要用于各种礼仪场合，因而又被称为"青铜礼器"，其中大部分的食器、酒器、水器以及乐器都应属于礼器范畴。

中国古代青铜器在艺术上的成就，主要体现在器物的造型和纹饰两大方面。另外，商周青铜器上铭文（又称"金文"）的书法价值也早已为人们所关注。其他方面（如铸造工艺等）也或多或少地与审美相联系，成为我们欣赏青铜器艺术时不可忽略的因素。

1. 夏代的青铜器

在学术界，关于夏文化的探索仍在进行之中，尚无定论。据《史记·夏本纪》和《竹书纪年》记载，夏代自禹至桀，历十四世十七王，共四百余年。古文献中不乏对夏代铸造铜器的追记，如《左传·宣公》载："昔夏之方有德也，远方图物，贡金九牧，铸鼎象物。"《墨子·耕柱》载："夏后开……而陶铸之于昆吾。"然而长期以来，由于缺乏具体史料的证实，夏代的铜器铸造一直是个谜。直到1959年之后，考古工作者在对传说中夏人活动地区（今河南省西部和山西省南部）的考察中发现了"二里头文化"遗址，才使得人们对夏文化的探索有了实质性的进展。尽管目前学术界对二里头文化是否完全属于夏代还存有争议，但基本可以断定二里头文化早于商代早期，也就是相当于记载中的夏代时期。

考古工作者在二里头文化遗址中先后发掘出了铜铸的凿、锥、刀、鱼钩、箭头以及青铜戈等工具和兵器，尤其是发现了多件青铜爵，使我们得以真正领略到夏代青铜器风貌之一斑。另外，还有几件青铜器虽出土于二里冈期地层（商代早期），但考古工作者根据其形制、纹饰和铸造技术等因素推断，它们应为夏代的器物，主要有现藏于上海博物馆的"管流角"、"连珠纹斝"、"云纹鼎"等。这对于我们更加全面地了解夏代青铜器具有重用意义，弥足珍贵。

"乳钉纹青铜爵"（图1-1）为二里头文化时期器，1979年于河南偃师二里头出土。二里头文化遗址中出土的几件青铜爵是迄今所见到的年代最早的青铜容器实物，意义非同一般。这件青铜爵的造型颇有特色：长流尖尾，束腰细足，给人以轻盈玲珑的感觉，好似一只机敏善飞的鸟雀。据记载，"爵"之名的由来就与雀有关，《说文》载："爵，礼器也，象爵之形。

图1-1　乳钉纹青铜爵　夏代晚期　二里头出土

中有鬯酒。又，持之也。所以饮器象爵者。取其鸣节节足足也。”这里所谓的象“爵”即指“雀”，是个借用字；“鬯（chàng 音“畅”）酒”是指祭祀用的酒。爵的一般形状为：前有流，用于倾酒，后有尖状尾，中为杯，一侧有鋬（即把手），下有三足，有的有钉状柱置于流与杯口之际。“乳钉纹青铜爵”有两小柱，器表无饰，仅在器腹的一面有两道弦纹，并有五枚乳钉饰于其间。整件器物显得朴素简洁，造型舒展匀称，这与我们印象比较深刻的后来的青铜器造型有着非常明显的不同。在这样的作品上，我们并不会联想到威严、凝重和狰狞（这些感觉常被用于形容商周时代的青铜器），这也恰恰表现了当时人们的审美趋向（确切地说是贵族阶层的审美趋向，因为这一时期不仅阶级已经分化，而且青铜器作为当时的一种高档物品也只有上层社会的贵族才可能享用，它们是贵族阶层社会地位和身份的象征），反映了中国早期青铜器铸造的基本特征。

上海博物馆藏的这件“管流角”被推断为夏代晚期器，是至今发现的最早的“管流角”（图 1–2）。其形制颇为奇异，体态修长，细腰上斜置一流，上口部呈翼状，若展翅之鸟雀；杯体下有一圈圆孔，下承三足；腰间饰有两排隆起的连珠装饰；侧面有一鋬连接着腰与翼的侧下方，显得十分精巧。

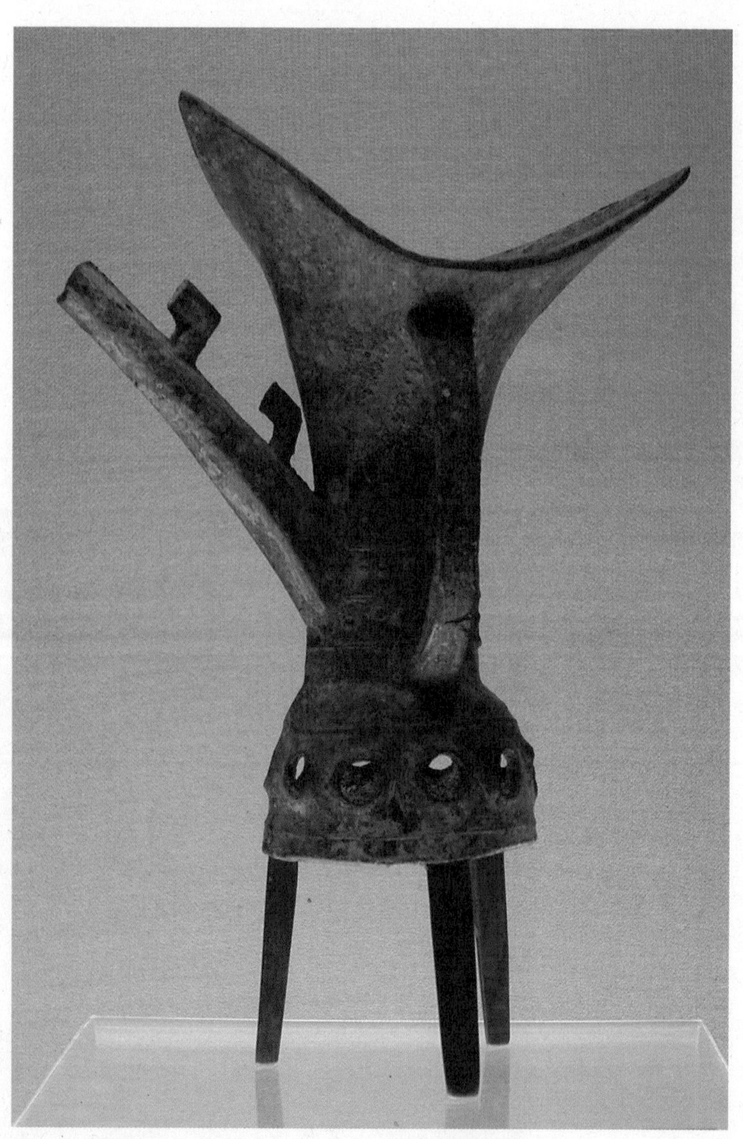

图 1–2 管流角 夏

角也是一种饮酒器。《礼记·礼器》载：“宗庙之祭。贵者献以爵。贱者献以散。尊者举觯。卑者举角。”陈澔注：“爵一升，觚二升，觯三升，角四升，散五升。”可见，礼器容量的大小也是用来区别尊卑的重要表征。从其容量的比例关系来看，角的容量要比爵大四倍。

角与爵的区别主要在流和翼这两处的造型特征上，一般认为爵形器无流而有两翼似尾者为角。而此角有翼也有流，只不过流的形态与传统的爵形器不同，也与后来所发现的角不同，倒是有点像我们

图 1-3 连珠纹斝 夏

现在所用的长嘴茶壶了。

“连珠纹斝”(图 1–3)现藏于上海博物馆，虽然出土于二里冈期地层，但考古工作者根据其形制、纹饰和铸造等技术推断其当属夏代晚期器。其形为大口圆腹，圜底空锥足，侈口处有一对小型柱，器鋬作弧形，颈部饰有不甚规则排列的乳钉纹和弦纹。总体看去，其外观较为朴素简洁，体现了早期青铜器的特征。

图 1-4　云纹鼎　夏

现藏于上海博物馆的“云纹鼎”（图 1-4），是目前唯一被推断为夏代晚期器的青铜鼎。不过也有考古学者认为它当属商代早期器。该鼎作立耳敛口平唇圜底锥足样式，腹鼓起似球形体，腹上部饰有简洁的云纹带。就其形制来看，朴实无华，铸造工艺较为粗糙，纹饰也很简陋，明显具有夏代晚期青铜器的特征。

2. 商代的青铜器

据史书推算，公元前 16 世纪商汤灭夏后建都亳（即今山东曹县县南），是为商。商都曾多次迁移，其中公元前 14 世纪末盘庚迁都于殷（即今河南安阳小屯村）是比较重要的一次，直至公元前 11 世纪商朝灭亡，所以“商”也称“殷”，或称“殷商”。从青铜器的考古发现来看，商代的青铜器可以分为前后两期（也有分为早、中、晚三期的），前期以二里冈期为代表，后期则以殷墟期为代表。代表商代前期青铜器的二里冈期是以河南郑州二里冈遗址的发现而得名的。二里冈期青铜器继承了二里头文化的诸多特点，但其铸造较前代已有了巨大发展，不仅数量大增，出现了成套

图 1–5 杜岭方鼎 商代早期

的礼器，而且已经能够铸造大型的青铜器，铸造工艺已臻成熟。青铜器的品类也明显增多，如鼎、鬲、甗、簋、觚、爵、斝、角、尊、卣、壶、罍、盘以及各种兵器和工具等；即使是同一品类的青铜器在造型上也有诸多变化，纹饰也越来越讲究。此择几例典型器介绍如下。

（一）商代前期青铜器

①鼎

青铜鼎由原始陶鼎发展而来，可用于烹煮肉食、实牲祭祀和燕享等，是礼器中的主要食器。但商周时代的鼎多数并不直接用作烹煮器，而是作为“明尊卑，别上下”的重器，是统治者权力的标志物。在当时，拥有鼎的多寡是有明确等级之别的，如所谓的“天子九鼎”就是指只有帝王才能列九鼎。

鼎的造型有多种。已发现的商代早期鼎就可划分为方鼎、圆鼎、鬲鼎、扁足鼎等种类。

“兽面乳钉纹方鼎”是商代前期器，又称“杜岭方鼎”（图 1–5），因 1974 年于河南郑州张寨南街杜岭土冈出土而得名。该器为二里冈期青铜器中最大的一件，高达 100 厘米。这件青铜鼎呈方斗形，深腹，立耳外倾，四足较矮，上粗下细，造型凝重敦厚。器表装饰较为简洁，腹上部饰以带状兽面纹，腹壁两边及底边饰以乳钉纹带，足上部也饰以兽面纹及弦纹。带状兽面纹装饰是商代前期青铜器装饰中较常见的形式。兽面纹一般称“饕餮纹”，据辞书上说，饕餮是一种传说中的贪食恶兽，后人用以比喻贪婪凶恶之人。《吕氏春秋》载：“周鼎著饕餮，有首无身，食人未咽，害及其身，以言报更也。”历代多沿此说，于是商周青铜器上的这种有首无身、非牛非马的怪兽谓之“饕餮”之说流传至今。此说是否合理，目前学术界尚存争议。一种较具说服力的观点认为，这种怪兽形象应与当时频繁的祭祀活动相关联。在祭祀活动中，牲畜，如牛、马、羊、豕等，是重要的祭品，而大多青铜器又主要用于包括祭祀在内的礼仪场合，在其上饰以象征祭品的装饰是合情合理

图 1-6　三足圆鼎　商代早期

图 1-7　扁足鼎　商代早期

的。因此，持以上观点的学者便推断这种象征祭品的怪兽应是多种牲畜特征之综合，并非特指某一动物，故而其形象既有点像牛、像羊，也有点像猪甚至像虎、像龙蛇，样子很是怪异。如果这种观点更接近事实的话，那么称商周青铜器上的这种纹样为“饕餮纹”就是以讹传讹了，还不如称其为“兽面纹”更贴切。

商周兽面纹的造型，以鼻梁为中线左右对称，上部为角，或上翘，或下卷，角下有目，眼球滚圆，比例夸张。这件方鼎上的兽面纹体现了商代早期的特征：装饰呈带状，以勾线形式表现，形象比较简单，突出双目。综观整体，纹饰与器形谐调地相组合，略偏上部的带状纹饰校正了器物重心偏低的沉重感，表现出一种不凡的气势。

1974 年在湖北黄陂盘龙城还出土了一件二里冈期的“三足圆鼎”(图 1-6)。该鼎为立耳深腹，三锥足为空芯并与鼎腹相通，这表明当时的铸造技术尚未掌握陶范泥芯的封闭技术；腹上近口沿部饰兽面纹一圈，为线性形式，装饰显得比较简单，与上述方鼎相类，都表现了商代早期青铜器的特点。

扁足鼎是青铜鼎中比较特殊的一种，在商代早期就已经出现。从出土青铜器的组合特征来看，扁足鼎一般器形较小，高度多不超过 26 厘米，而且与礼仪性的列鼎也没有固定的组合关系。因此，研究者认为这类扁足鼎可能是作为辅助性的食具来使用的。“扁足鼎”(图 1-7) 为圜底深腹兽形刀足式鼎，腹上部有一圈兽面纹装饰，扁足也作兽纹；兽头朝上，张口之形恰好与圜

底弧形相承接，扁而尖的三足使得整件器物显得比较轻灵秀气。

②鬲

青铜鬲也是从早期的陶鬲发展而来的一种炊粥用的容器。鬲像是鼎的一种变体，因此古书上也有将款足之鼎称为鬲的，甚至有的书认为鬲就是空足鼎。鬲的基本形制是侈口有耳，腹部呈三个袋状，其下承有短小的锥形足。从实用功能的角度看，这种布袋形的器腹可以扩大煮食时的受火面积，缩短煮食的时间；从审美的角度看，这种造型也具有独特的美感。商代早期的青铜鬲多素洁无纹或在颈部饰以简单的弦纹、连珠纹、兽面纹和回纹；至商代中期之后纹饰开始增多，不过兽面纹还是最主要的装饰母题。商代前期的“青铜鬲”(图 1-8)，颈部和袋腹部均饰以兽面纹，并以连珠纹饰边。尤其是设计者利用布袋状器腹近似三角形的外形，将兽面主题纹饰适合其间，显得恰到好处，这是装饰艺术的一个重要特征，即随形就势的灵活变化。纹饰以突出的兽面之眼为中心，其余均以阴线阳纹表现。整件器物显得饱满敦实，装饰风格也属于华丽一类。

③斝

商代前期的“兽面纹斝”(图 1-9)藏于上海博物馆。斝为一种酒器，用以盛酒行“祼礼”，兼可温酒。所谓行“祼礼”即指将酒灌(洒)地而不饮，用于祭祀等礼仪场合。《书·洛诰》中有“王入太室祼。”孔颖达疏：“王以圭瓒酌郁鬯之酒以献尸，尸受祭而灌于地，因奠不饮，谓之祼。”斝的造型一般为大口，圆腹，三足，口缘有两柱，有的一侧有鋬。这件青铜斝的造型颇为独特，特别是类似鬲形的分裆大袋腹以及下承较高的圆锥形足，与一般直腹、鼓腹，下成三角形锥足的器形有着明显的不同，显

图 1-8　青铜鬲　商代前期

图 1-9　兽面纹斝　商代早中期

图 1-10 青铜斝 商代早期

得更加丰满而富变化。侈口高柱，柱头作戴帽状则是大多数青铜斝造型之共性。该器的颈部饰有兽面纹带，并有连珠纹饰边；袋腹上分别饰以三组兽面纹，下尖上宽，依形就势。这一装饰设计的处理表明，同样的主题、同样的造型特征，只要稍作变化，便可完美地适合于不同的外形之中。这与上面所谈及的“兽面纹鬲”的装饰很相似，充分体现了当时时代的审美倾向和设计者独到的匠心。与图 1-5“杜岭方鼎”上的兽面纹比较起来，这件器物上的兽面纹显然要丰富得多。除了角、目、鼻等兽面之主要特征外，它还在空隙处满饰花纹，而且线面分布匀称，形成装饰面，使得圆滚突出的兽目更加醒目，这不正是装饰艺术原理中常说的对比与统一吗？

商代早期的“青铜斝”（图 1-10），上口侈大，颈腹分段，平底，下承三空锥足。颈部饰有简单的兽面纹带，腹部饰有六个圆形的囧（jiǒng 音“炯”）纹。囧纹又有称为涡纹或圆涡纹的。这种圆形内加上漩涡线的图像现在一般被解释为象征火的符号，其根据主要来自于《考工记》中“火以圜”的记载。火代表太阳，太阳是圆形的，其发出的光芒也给人以旋转的印象，“囧”则有光明和光

图 1-11　夔纹钺　商代前期

亮之意。这种囧纹的形式早在原始时期的陶器上就已出现，如在新石器时期屈家岭文化的陶纺轮上就有绘以类似火纹的。此后的夏代和商代前期直到战国时代都能见到这种代表火和太阳的纹饰。这件商“青铜斝”的造型与夏代青铜斝有着明显的继承关系。

④钺

钺是兵器的一种，其形类斧。与一般兵器不同的是，钺还具有权力象征的性质。据史书记载：武王伐商在牧野誓师时“左杖黄钺，右秉白旄”。纣王战败自焚后，武王又以黄钺斩其头，以玄钺斩其二嬖妾之颅。另据《尚书·顾命》载：“一人冕，执刘，立于东堂；一人冕，执钺，立于西堂。”可见钺在当时还起着仪仗的作用。

“夔纹钺”(图 1–11)是商代前期器，1974 年湖北黄陂盘龙城出土。这件青铜钺体略长，配以狭长的内(钺体以上部分谓之“内”，以保持钺身平衡)，身中央有一大圆孔，两肩有穿。整件器物的比例匀称谐调，尤其是钺体两侧微微的内弧线与刃口延展而成的外弧线的微妙组合关系，使该器增添了几分轻灵之气，可见铸造者除了出于功能的考虑之外，并没有忽略审美的因素。钺上的纹饰巧妙地与钺体造型相适应，两侧及肩下均饰以夔纹。“夔”是传说中的一种神兽，因其形“如龙”(见《说文》)，故而又被称之为“夔龙”。据《山海经·大荒东经》载：“东海中有流波山，入海七千里。其上有兽，状如牛，苍身而无角，一足，出入水则必风雨，其光如日月，其声如雷，其名曰夔。”因而后人便将纹饰中的一足龙形兽统称为“夔纹”或“夔龙纹”了。关于夔一足之说自古便有争议。相传夔是虞舜时掌管乐的一个职位之名，故孔子说过“夔，一足也”的话，意思是说，掌管乐的人有一个就足够了，后来被人们误解为夔这种动物只有一条腿，并以此来解释当时青铜器上的夔纹只有一足，这样的解释显然是一种误解。实际上，我们所见到的夔纹只是兽纹形象的一个侧面而已，而且应该是一种双足动物的侧面形象。在青铜器兽面纹饰的两侧往往均有这种夔身形式，这种表现手段颇似民间绣花虎头鞋的装饰方

图 1-12　饕餮纹盉　商代前期

式：鞋头饰一正面的虎头，两侧鞋帮上则分别绣上虎身的一个侧面。这是装饰艺术的一种手段。

该钺上的夔纹风格与这一时期的其他纹饰风格相一致，阴线阳纹，线条流畅，线、面布局匀称。

⑤盉

青铜盉最早出现在商代早期，从商代到春秋晚期的发展过程中，盉的形制也有多种变化。关于盉在当时的用途，学术界说法尚不一致。据《说文·皿部》的解释，盉是作为调味用的器皿，谓："盉，调味也。"王国维认为盉是用来调和酒和水的容器，然后将调和好的酒再注入饮酒器爵内，即"盉之为用，在受尊中之酒与玄酒而和之而注之于爵。"(参见王国维《说盉》)玄酒是指水。也有的人认为盉主要是一种盛水器，与酒器相组合时，它主要是盛水，以便用水来调和酒的浓淡；当它与盘相组合时，则可以用于盥洗。

商代前期的盉常常将流置于器的顶部，下有三个或四个较为宽大的袋足。所以有的学者推测这种器物当可作温酒之用。但是，商代后期以后的盉一般没有了这种袋形足，而是采用圈足或三、四个用作支撑的足，显然不是为温酒而设的了。

"饕餮纹盉"(图 1-12)是所见不多的商代前期器，1976 年出土于河南省中牟县黄店。该器封顶，留出鸡心形口，顶上置一高高翘起的管流，顶面饰有两枚乳钉形装饰，俯视效果犹如一长鼻兽面，似乎带有几分幽默感；下承三个袋形足；颈部饰一圈突起的线性兽面纹，口下有一鋬。整件器物显得比较简洁和朴实，纹饰也比较简单，呈现出商代早期的风格特征。封顶式形制和袋足形式的盉也主要流行于商代前期。

(二)商代后期青铜器

商代后期是指商王盘庚迁都于殷至商朝灭亡的这段时期，又称殷墟期，历时 200 多年，也是

中国古代青铜器发展史上的第一个高峰期。现已发现的殷墟期青铜器地域分布很广，除河南安阳的殷墟外，在山东、山西、陕西、湖南、广西以及内蒙古等许多地区都有殷墟期青铜器的发现。

青铜器的发展首先取决于铸造工艺的进步。这一时期已能铸造出较为复杂的大型青铜器物，譬如著名的“司母戊大方鼎”(图 1–13)，高 133 厘米，重达 875 公斤。如果没有较高的工艺技术，要铸造出如此巨大形制的器物是难以想象的。这里还是结合实例选择几类有特点的器物来说明商代后期青铜器艺术的主要特色。

图 1–13　司母戊大方鼎　商代后期

①鼎

随着国力的增强和青铜铸造工艺技术的提高，商代晚期特别是武丁之后，出现了高度繁荣的青铜文化。这些在青铜鼎的铸造技术和艺术成就方面被充分地体现出来。

“夔纹扁足鼎”(图 1–14)为殷墟中期器，器身为圆形，浅腹，上有一对较大的立耳，下承三只体形较高的夔形扁足。器腹饰以夔纹，除了夔目显得比较突出外，其内和底部均饰以繁密的雷纹。与同期其他器物主体装饰不同的是，作者并没有将两个侧面的夔纹对称摆放成常见的兽面形式，这样似乎显得比较自由而不那么严肃；整个纹饰由精细的线刻成。三扁足作面朝里的夔

图 1–14　夔纹扁足鼎　殷墟中期

图 1-15　大禾人面方鼎　商代后期

形，夔尾后上卷，身躯同样以茂密的雷纹装饰为主，中间饰以一条鳞纹，夔目依然是最为突出的中心。整件器物的上下部分看似不那么协调，但是追求华丽风格的理念却通过这些装饰显现了出来。

“大禾人面方鼎”（图 1-15）所反映出来的艺术特点却与上鼎很不相同。它给人的感觉既不华丽，也不那么轻松，但却使人在肃然起敬之余不得不为其高超的艺术性所折服。

“大禾人面方鼎”为 1959 年湖南宁乡出土，器高 38.5 厘米、口纵 23.7 厘米、口横 29.8 厘米。它属于殷墟晚期器，是一件造型庄重的中型方鼎。该器最大的与众不同之处就在于鼎腹四壁各

图 1–16　圆鼎　商代晚期

饰有一个大的人面，而且以浮雕形式出现的人面非常写实和逼真。从其显现出来的严肃表情来看，这些人面显然不是仅仅为了审美而作的装饰，也不是设计者一时的艺术灵感所至，这就更加为其增添了几分神秘的色彩。作为时过境迁的当代欣赏者，要想完全真实地还原当时的意义恐怕是很难做到的了。从人面所摆放的位置以及与人面相组合的周围内容来看，其含义似乎当与兽面“饕餮”有些联系。在人面两侧的大耳上下，分别饰以一对曲折小角和一对小爪形象，这似乎在暗示此人面上长有一对犄角和一双动物般的爪子而非人手。鉴于此，人们一般将其解释为传说中“有首无身”的凶神饕餮，但这样的解释终究还缺乏证据。如果真是饕餮，那为什么它与其他饕餮之形式有这么大的差别呢？而且这样的形式也并不常见。估计这件青铜鼎所用以祭祀的对象会有些特殊，其上的人面很可能象征着人祭，而两侧显然已经被弱化了的犄角和爪子只是传统饕餮纹饰的残留，未必就一定表示与人面是一体的。当然，要真正弄清其意义还需要作更深入的研究。

商代晚期的“圆鼎”（图 1–16），器形端庄沉稳，尤其是器表所饰的兽面纹具有很高的艺术性。与常见的兽面纹不同，该纹饰采取了主体兽面纹与底截然分开的手法，由两个相对的夔纹构成的兽面为阳纹阴线形式，形体完整统一，线条均匀流畅，具有强烈的视觉效果；底部为细密的云雷纹饰，更加衬托出主体兽面的饱满感和力度。在这件器物的纹饰中，我们可以较为清楚地看出夔与兽面（饕餮）之间的形态组合关系。很显然，这种饕餮形象并非“有首无身”，而是身体部分向两边延伸开来，两个侧面的“一足”从正面看便成了两只爪子了。

图 1-17 青铜鼎 商代后期

商代后期的青铜鼎还有许多形式，特别是上面的装饰有简有繁，有兽面、夔，也有鸟和几何形装饰。鸟纹装饰的出现为庄重肃穆的青铜器增添了几分灵动和活泼的气息。(图 1-17)

②尊

尊是一种盛酒器。在金文中多称礼器为“尊彝”，尊字像双手奉酉形，彝字象双手献沥血的鸡，即尊酒奉鸡牲祭祀之意，因此，尊彝是祭祀礼器的共名。商周青铜尊主要分为有肩大口尊、觚形尊、鸟兽尊等三大类。商代后期尊的形式和纹饰都相当丰富，此举几例：

著名的“四羊方尊”(图 1-18)是一件造型比较复杂的器物，充分体现了当时出色的铸造技术。该器 1938 年出土于湖南宁乡黄材，是已发现的商代方尊中之最大者，并以其造型独特、纹饰富丽和工艺精巧堪称商代青铜工艺中的杰作。方尊自肩至足设计了四只大卷角羊，羊首伸出，大

图 1–18　四羊方尊　商代后期

角内卷并逐渐前伸，羊身构成尊腹，羊的前腿作浮雕状附于尊的圈足壁上，细劲有力。尊肩部还饰有四条高浮雕的蟠曲龙，龙首探出，通体布满精丽纹饰，纹饰以线刻为主。这种集立体雕塑与平面纹饰于一体的设计对铸造技术提出了较高的要求。据分析，这件器物的成型采用了二次铸造法，即先铸好羊角和龙头，并将其嵌在尊的外范中，然后再浇铸尊体，并将两者固定于一体。事实上，二次铸造法技术的运用为以后青铜器造型和装饰的出新提供了必要的技术保证。

“龙虎尊”(图 1–19)为殷墟早期器，其造型具有典型的早期特征，如侈口束颈和有肩等。该器 1957 年出土于安徽阜南朱砦小运河，其装饰独具特色：尊肩上饰三条蜿蜒的龙，龙身采用浮雕形式，龙首则如圆雕一般探出肩外。尊腹饰有三组虎食人主题的纹饰，虎首居中而探出，浮雕式虎身向两边展开，从正面观，好似两虎共一首；虎口下有一曲举双臂作蹲式的人，左右为兽面纹，底为满饰的线刻云雷纹。这件器物的装饰由突起至平面层次分明。正如前面所介绍的，这种一首两身的动物造型在当时的青铜器装饰中是比较常见的，有的人试图在神话中找到这一形象的答案，可最终不得其解。实际上，它并不是一种专门的装饰主题，而是一种装饰处理的手法，是设计者为了在平面装饰中表现出物体的多维性而使用的一种表达方式。我们所看到的所谓两个身体其实是该动物的两个侧面，合在一起而为一个整体。由于器表的装饰基本上是属于平面性的，所以就出现了这种貌似一首两身的形式。其观念虽朴素，却也合情合理，形式亦很有趣。

图 1–19　龙虎尊　商代后期

图 1–20　双羊尊　商代后期

图 1–21　妇好鸮尊　商代后期

商代后期的青铜器造型在前期的基础上有所变化，并出现了一些新的器形，尤其是将青铜容器设计成各种动物的造型，令人耳目一新。这类器物与其说是一种实用的容器，倒不如说是一件件精美的雕塑艺术品，具有很高的审美价值，然而又不失其实用性，体现了古人非凡的艺术创造力。当然，肖生造型的器物设计并非商代人所首创，而是有着悠久的历史渊源。早在新石器时期的陶器中就有动物形象的容器了，如仰韶文化的陶枭尊等，但是将青铜容器铸造成动物形态则是前所未见的，其中青铜尊尤富特色。这一时期的肖生形青铜尊大致有两种类型：一种是设计成半容器半动物的造型，如双羊相背而立共一身，中间为尊形的"双羊尊"（图 1–20）等；第二种是将整件容器设计成某一种动物形象，有的略带夸张，而有的则十分的肖似，可以说是一种写实的造型。这类器物的表面一般布满纹饰，但也有个别的例外。此举几例："妇好鸮尊"（图 1–21），1976 年于河南安阳小屯妇好墓出土。该尊体铸成鸮的造型，器表饰以各种纹饰。"鸮"，也写作

"枭",即猫头鹰。长期以来,鸮在中国一直被视作不吉之鸟,但这是以后的事了,在商周时期则并非如此,而是把它看作勇猛雄健之鸟,诸如"枭雄"、"枭将"都是形容勇猛的褒义词。在殷墟的出土物中,以鸮为饰或设计成鸮形的工艺美术品不乏其例,这件"妇好鸮尊"便是其中之一。该鸮昂首挺胸,高冠卷喙,大有气宇轩昂之态,在纹饰上也颇具匠心。其双翅的前端巧妙地饰以蟠蛇形并与后边的羽翅自然相连,冠部饰以夔纹,喙及胸部饰以蝉纹,在尾部上方饰一张翼的正面鸮纹。这种合多种动物装饰于一体的手法在商代后期青铜器装饰中运用较普遍,体现了商文化的特色。

比较起来,山东寿张出土的"小臣艅犀尊"(图 1-22)则是一个例外了。该器作犀牛形,设计者非常概括而准确地将犀牛那庞大粗壮而迟钝的特点表现了出来。器身不加纹饰,更显得朴实敦厚,尤其是犀的首部刻画对于耳、眼、嘴的表现都十分逼真。古代匠师们写实造型的功力由此可见一斑。我们不由会问,中国早在 3000 多年前就已经具备了如此写实的造型能力,为什么在之后的艺术发展中却没有像西方那样以写实风格为主流呢?要回答这样的问题显然不是一二句话就能说清楚的,不过有一点很明显,那就是艺术样式的发展取决于一个民族整体的审美取向。中华民族的审美取向究竟向哪个方向发展,到春秋战国时期便十分明确地显现出来了,这在后面的介绍中将会述及。

图 1-22　小臣艅犀尊　商代后期

③盉

商代晚期至西周是青铜盉盛行的时期，其造型与装饰都与商前期有所不同，出现了多种变化。图 1–23 是现藏于美国佛利尔艺术博物馆的“人面龙身盉”，该件设计颇为独特的器物，宽腹圈足，盉盖作带有双角的人面形，有意味的是，由于这个人面饰于器盖顶面，似为仰首望天之态，设计者特意在其前额添加了三道折线纹，恰似人在抬头时会出现的抬头纹，说明设计者对生活观察得是相当仔细，因此才会有如此生动的描绘。盉体上蟠绕着粗大的龙身，正好与盖后颈相衔接，盉体两侧有一对厉爪，肩下还饰有一对夔纹；云雷纹饰底。整件器物传递出来的信息应该是在表现一个人面龙身的形象，是神人合体的象征性图像。据研究者推测，他很可能就是远古神话中所描写的神，因为在《山海经》中就有将雷神、烛阴和有的山神描写成人面龙身的。至于为何要将这种神话形象表现在青铜礼器上还是个未解之谜，一般认为应该与当时的宗教观念有关。

图 1–23 人面龙身盉 商代晚期至西周

④觚

觚与角、爵、觯等均属饮酒器，也是最常用的礼器。《说文·角部》载："觚，乡饮酒之爵也；一曰：觞受三升者谓之觚。"作为最基本的礼器，觚有着比较规范的造型形态。孔子在《论语·雍也》中说："觚不觚。觚哉。觚哉。"就是借感叹当时觚的形态与西周大有不同来批评当时社会礼制濒临崩溃。觚之造型的主要特征是侈口束腰，体高无流。商代早期觚体宽窄不一，纹饰主要集中在腰部和圈足部分；商代后期则流行细腰，腰部和圈足部分多饰有四条突出的棱，纹饰也延伸到觚的上部，即喇叭口的外部至腰部，大多装饰以瓣状的蕉叶形式，顺着外张的侈口，颇似一朵开放的花，腰部和圈足部分的纹饰仍以兽面为主。作为礼器，觚与爵、斝常常组合在一起，出土时也常见相伴使用。在整个商代的青铜器造型中，觚是为数不多的、造型显得比较轻灵的一种。殷墟妇好墓出土的"青铜觚"(图 1-24)基本体现了商代后期觚的形式特征。

图 1-24　青铜觚　商代后期

图 1-25 扁圆体卣 商代

图 1-26 虎食人卣 商代后期

⑤卣

卣也是一种盛酒器，文献上虽有记载，但并没有关于卣的器形的描述。如《尚书·洛诰》载："以秬鬯二卣"；《诗·大雅·江汉》中有"秬鬯一卣"等记载。从这些记载中可知，卣主要是一种用以祭祀的盛酒器，其形态如何后人无从查找。现在所通用之名乃是宋人所定，其形类壶，一般有盖和提梁，基本形有扁圆体、椭方体、筒形和方形几种。"扁圆体卣"(图 1-25)坡肩，宽腹下垂，自盖至足设有四棱；腹部饰兽面纹，颈部和盖圈均饰以夔龙纹；提梁两端设计成龙首形。整件器物上布满纹饰，华丽与庄重交织在一起，这也正是商代社会文化的一种反映。

值得提到的是有一件现藏于日本的肖生形卣——"虎食人卣"(图 1-26)很富特色。该器的外形做成一蹲踞状的猛虎，前爪捉住一断发跣足的人，人首正好置于虎的血盆大口之中。这件颇具神秘色彩的肖生形卣长期以来一直为研究者所重视，考古学家、美术学家等都曾对此作过专门的研究和探索，对其内涵虽然还没有得到肯定和一致的答案，但研究者们提出的种种推测却是颇具启发性的。在商代的装饰中，"虎食人"母题的装饰已经发现多件。有的研究者结合文献史料、民俗民间文化等方面的研究，认为商代装饰中的虎母题是虎崇拜的表征，可能源自以虎为图腾的远古部族的遗续，这种被虎所食之人的形象则表示虎族所征服的部落。但由于文献材料的不足，若是将其大胆地解释为虎与人交媾或虎在乳人等也未尝不可。所以，对其内含的探讨和研究还将继续。

图 1-27　椭圆体龙首盖圈足式觥　商代晚期

图 1-28　鸟兽纹觥　商代晚期

⑥觥

觥是出现于商代晚期的一种盛酒器，也作“觵”。《说文·角部》载：“觵，兕牛角，可以饮者也。”“兕”是古书上所说的雌性犀牛。最早的觥就是做成角形，前端作龙头形，铸造非常仔细和讲究。后来动物造型成为觥的主要形态，一般容器部分作类似匜形，前有流，后有鋬；盖作虎、牛、羊一类的动物形；下承圈足或方座等，也有作四足形式的。图 1-27 为殷墟妇好墓出土的“椭圆体龙首盖圈足式觥”，盖前端作龙首形，盖背上有一爬龙形拱梁，觥体上饰有兽面纹和夔纹，整件器物显得比较厚重浑朴。

现藏于美国弗利尔美术馆的商代晚期器“鸟兽纹觥”（图 1-28）是一件具有很高艺术价值的珍贵遗物。这件青铜觥为四足式，从盖至足装饰非常复杂，不仅装饰的内容丰富，而且彼此的组合也相当巧妙。该器的总体形象作羊形，盖端为羊首，顶部有一对向内涡卷的大羊角，采用圆雕的手法塑造出了张口露齿、双目圆瞪的狞厉形象，具有很强的立体感；盖顶部镌刻有一对随角盘曲的龙纹，盖背脊上也有一龙；盖的后部饰有一牛首，牛角上还饰有双鱼，下额处饰有一对龙纹。器的前部（即流以下部分）饰一硕大的鸱鸮，鸱鸮喙部凸出，而身体部分则采用浮雕的手法镌刻于器腹的两侧；器身的后部还饰有一硕大的兽面纹；后足上雕刻人面蛇身的形象作装饰，这种人首蛇身母题的装饰发展到战国之后才逐渐多了起来，如帛画、壁画和汉代画像石上能见到许多类似形象，一般将其解释为传说中的神——伏羲和女娲，但这里是否代表伏羲和女娲还有待进一步探索。器后有一立鸟形鋬，遍体纹饰。

这件铜觥给人的感受是装饰瑰丽却不繁琐，内容多样而不凌乱，可谓是商代青铜礼器中的精美之作。

图 1–29　青铜器上的兽面纹　商代晚期

图 1–30　青铜器妇好盘上的纹饰　商代后期

商代后期的青铜器型还有很多种，其中也不乏很高艺术价值者，如壶、簋、豆等，在此不一一介绍了。

从上述例子可以看出，商代后期青铜器的纹饰远比前期丰富得多，也更富艺术性。从它们装饰的形式上看，主要有两个明显的特点：一是组合性装饰增多，即将多种装饰主题组合于一件器物上，包括现实中的动物、神话动物、人面以及几何形等。装饰的部位也不再像前期那样仅仅限于器物的某一局部，而是多采取满饰的方法，将纹样饰满器表，甚至在器物的底部也有加以装饰的。这种组合多种内容的满花装饰便成了商代后期青铜器装饰的一个显著特征，如前所介绍过的"四羊方尊"、"妇好鸮尊"和"鸟兽纹觥"的装饰都具有这一特点。二是主次分明，即纹饰中的主体内容与底纹有着明显的区分。一般来说，主体纹样（主要是动物纹）结构饱满厚实，而且较为完整。有的主体纹样还设计成浮雕形式，甚至在浮雕上叠加雕饰，即所谓的"三层花"装饰手法，使得主体纹样一目了然。底纹通常较为繁密细致（主要为云雷纹），以烘托主体，达到统一整体的效果。

从这一时期的装饰内容来看，主要是传统的兽面纹得到了空前的发展和神话动物、各种现实动物主题的明显增加。前文在介绍商代前期青铜器纹饰时曾经谈到过兽面纹的有关问题，此不赘述。就兽面纹的形式而言，殷墟期的兽面形象不再是那么抽象和符号化了，相反显得更加明确而突出，如像虎、像牛、像龙、像蛇等，并有了多种变化形式，尤其是兽角的变化十分丰富，有诸如外卷角、内卷角、曲折角等，兽面纹成为这一时期最为普遍的装饰主题。图 1–29 为最主要的神话动物之一——龙。龙是一种虚构出来的灵物，其渊源可能与原始图腾有关。早在原始彩陶上就有以龙为饰的，而这一时期龙的形象则有了进一步的发展。关于龙的传说和记载很多，如《说文》载："龙，鳞虫之长，能幽能明，能细能巨，能短能长；春分而登天，秋分而潜渊。"在视觉艺术中，龙的形象是综合性的，其身体像蛇而有鳞，头像兽而有角。商代后期青铜器上龙的形态主要有爬行和卷曲两种，到西周时还发展出了交龙形式。"龙虎尊"（图 1–19）肩部的龙纹即为爬行龙，身体蜿蜒作爬行状。卷龙纹，也称蟠龙纹，即将龙的身体盘成螺旋状，龙首在中心作正面或侧面形。殷墟期青铜盘装饰中的蟠龙纹尤为出色，如图 1–30 为"妇好盘"内底的蟠龙纹饰，作正面观的龙头与当时的兽面纹极为相似，龙身饰以连续的菱格纹，具有很强的装饰性。

还有一种装饰题材值得注意，即鸟纹。在商代前期的装饰中几乎没有见到过明确的鸟类形

象，然而到了商代后期，除了上面提到过的枭以外，还出现了相当数量的鸟纹。由于这时的鸟纹大多不置于装饰的主要位置，数量也不足以与兽面、龙和虎等题材相抗衡，故而不为人们所重视。但是，若对此期的鸟纹稍加考察，就不难发现，它与后来的凤鸟纹之间存在着某种内在联系。先看图例，图 1–31 为一牺尊尊体上的纹饰，在醒目的主体位置处为一大鸟，昂首轩立，几乎占据了整个尊体，尤其是那巨大的卷角状冠和长而翻卷的大尾、挺胸瞪目的神气，显然已非平常之鸟所能拥有。在甲骨文中，凤字正是画一只大鸟，并强调其长冠和尾部。有关凤鸟的记载也较多，《诗·商颂·玄鸟》有"天命玄鸟，降而生商"之说，所谓"玄鸟"，即凤。自古以来凤就是一种受人尊崇的神鸟，正如《说文》对凤之描写："神鸟也。天老曰：凤之象也，麐（麟）前鹿后，蛇颈鱼尾，龙文龟背，燕颔鸡喙，五色备举，出于东方君子之国，翱翔四海之外，过昆仑，饮砥柱，濯羽弱水，莫宿风穴，见则天下大安宁。"虽说商周青铜器上的凤鸟形象尚不完全具备上述特征，但从凤鸟形象的演变发展来看，这种大鸟应该就是凤鸟的早期形态。

图 1–31　凤纹牺尊上的纹饰　商代晚期

图 1–32　青铜觥腹部上的凤鸟纹　商代晚期

图 1–33　父已戎觯口沿部的对牛纹饰　商代晚期

图 1–32 也是饰于一青铜觥腹部上的凤鸟形象，体态轻盈灵秀，突出头顶上的凤冠和卷尾，与上面所介绍的"牺尊"上的凤鸟纹有着明显的风格上的差异，但两者在基本形态方面却是一致的，体现了时代的特征。

以现实动物为内容的装饰也很盛行，如虎、牛、蛇、羊、猪、象、蝉等。有的形象很贴近真实的生活，生动而有情趣。这也反映了在当时的强权政治背后所渗透出来的轻松的一面。如图 1–33 是一青铜觯口沿不甚显眼处所饰的一对牛纹，中间为一兽面，两边各有一头牛，均前蹄蹲伏，引颈瞪目，好似预备相斗前的瞬间，显得非常生动有趣。

另外，人面纹在这一时期的青铜器上也时有所见，但其应用往往比较怪异，要么有头无身，要么人头蛇身，甚至长有触角，这些在前面已经作过介绍，在此就不重复了。

总体说来，夏商时期是我国青铜器艺术由初期发展到第一个高峰期的阶段。其艺术形式和审美特征的形成与当时种种社会因素紧密相连，特别是这一时期恰处在我国汉文字由初期向成熟发展的重要阶段，装饰纹样不免会带上符号化的特征，甚至有的纹样还可能具有某些文字的说明性功能。正因为如此，这一时期的艺术创造往往会受到种种外在因素的制约，这也是后人觉得商代乃至西周青铜器艺术具有一种深沉的、严谨的甚至是狞厉的美的原因之一。随着时代的发展和制约性因素的逐渐减少，青铜器艺术也将步入一个新阶段。

二　广汉三星堆青铜器艺术

地处四川盆地的成都平原上，曾经存在过相当发达的古代文明。而这一古代文明得以被揭示，主要是依靠20世纪以来的考古发现和考古、历史研究者们的不懈努力。三星堆文化正是这一地区古代文明的典型代表。

在近半个多世纪的考古发掘中，特别是在1980年代之后，三星堆出土了大量的历史遗物，其年代主要相当于中原地区的夏商时期。出土遗物包括玉器、青铜器、金器、陶器、石器和漆器等。考古发掘表明，三星堆本是一座古城，研究者推测这里很可能就是古蜀国的都城，因为在此发现了用城墙围起的城池范围超过了当时中原商朝的都城——郑州商城，总面积约3.5平方千米。下面要介绍的青铜器正是出土于这一城池中的宗教圣区。

1986年，考古工作者在三星堆相继发掘了两个大型土坑，坑内堆满了数以百计的各类器物，包括青铜器、玉器、金器和象牙等。从这些器物的内容来看，它们主要与宗教祭祀相关，所以人们就称其为“祭祀坑”。坑中所出土的青铜器年代也相当于中原地区的殷商时代。

据考古发掘报告统计，一号祭祀坑出土的青铜器种类有人头像、人面像、人面具、跪坐人像、龙形饰、龙柱形器、虎形器、戈、瑗、戚形方孔璧、龙虎尊、羊尊、瓿、盘等；二号坑出土的青铜器有青铜立人像、跪坐人像、人头像、人面具、兽面具、兽面、神坛、神树、太阳形器、眼形器、眼泡、铜铃、铜挂件、铜戈、戚形方孔璧、鸟、蛇、鸡、怪兽、水牛头、鹿、鲶鱼以及尊等器物种类。

考古发现表明，在中原夏商文明之外，同时还存在着一个高度发达的青铜文明中心，其青铜冶铸技术和黄金冶炼、加工技术均不在中原之下。此外，三星堆还是当时的一个政治文化中心，并有着非常完备的宗教礼仪祭祀制度。

综观这两个祭祀坑中出土的青铜器物，青铜容器的造型和纹饰明显与中原地区和长江中游地区同时代的青铜文化风格相类似，虽然也存在着地方特点，但受到中原文化的影响是毋庸置疑的。据文献记载，大约在中原的夏、商之际，蜀人就已经建立了自己的邦国，并且与商王朝有过密切的交往，这里出土的青铜容器，如龙虎尊、羊尊等就是最好的证明。同时，其他器物如青铜面具、人像等在造型风格上则有着强烈的地域性特色，可以说是与中原风格迥异，其中以器形大、造型独特和结构复杂三个特点最为突出。其独特的造型和主题显然与当时蜀人的宗教崇拜、祭祀仪俗和神话传说有直接的关联。当时蜀人的宗教观念是以祖先崇拜、动植物等自然神灵崇拜为主体的。因此，在这批神秘怪异的青铜祭器背后隐藏着的是早期蜀人的精神世界，这也正是三星堆引起国内外众多学者关注的重要原因所在。

下面就选择几件典型而富有代表性的作品来探寻一下其中所蕴涵的文化含义。

“纵目神面像”：在二号祭祀坑内出土的两件与众不同的怪异面具，考古界将其命名为“纵目兽面像”。它们的基本形态其实与其他人面像具有着较多的相似之处，所不同的是向前凸出的眼珠、角尺形状的耳朵；另外，一般人面具的嘴只有上下两层，以表示双唇，但这两件面具的嘴部出现了三层，研究者认为这是吐舌，而吐舌之状大多出现在兽类形象上，故由此推断当为兽面而非人面。

我们先看第一件作品“纵目兽面像”（图 2–1），该面具呈长方形，断面为 U 字形（面具当时应该是安置在某个崇拜对象上的，U 字形便于安放，同坑出土的其他“人面像”也采用这种形式）；阔眉大眼，眼珠呈圆柱状向外斜向伸出，显得十分夸张；两侧耳朵呈角尺状向外展开，以桃尖形状收住（这也被很多研究者认为是兽的证据之一，因为这种角尺形耳与当时所表现的兽耳相类似）；鼻梁至鼻头段隆起高于一般人面像上挺直的鼻子造型，鼻翼顺着鼻底形向上翻卷，较之其他人面像这也显得比较夸张，但鼻尖并没有处理成向内勾卷，所以还不能说是完全的鹰勾鼻（在很多文章中都将其称作

图 2–1　三星堆纵目兽面像　商

图 2–2　三星堆纵目兽面像　商

鹰勾鼻，不确）；阔口上扬，嘴角几近耳垂，似为微笑之态，双唇间露出舌头，下额突出；眉间有一长方形孔，参照同墓出土的另一件“纵目兽面像”（图 2–2），孔内本该安放有额饰（额饰为翻卷形式，似为夔龙纹）；从出土物上残留的痕迹看，原来在眉和眼处均涂有黑色，口唇处涂以朱色，这种装饰手法在出土的个别跪坐人像上还能明显地看到，由此推测，这些青铜面具在当时很可能都作过涂饰，只是年久被蚀了。

关于这一造型奇特的非人非兽的面具形象，人们的解释并不一致。目前较多研究者所倾向的解释是表现传说中的蜀国远古帝王之一——蚕丛。

据地方志、史书和民间传说等有限的史料显示，传说中蜀国有影响的帝王有蚕丛、柏灌（又作“柏濩”）、鱼凫、杜宇、开明等。其中开明氏在蜀国的统治最长，传位 12 世，至公元前 316 年被秦所灭。蚕丛是蜀国历代帝王中最有名的一位，记载中说，最初兴起于岷江上游河谷的一支原始氏族，在首领蚕丛的带领下沿岷江南下而进入成都平原，其年代约相当于中原的虞、夏时期。另外，在对蚕丛的记载中有“蚕丛纵目”之说，现在的研究者也主要依据这一传说来推测这种双眼凸出的青铜面具表现的就是“纵目”之意。这一推测虽有一定道理，但还尚无更多的证据来证明，所以研究和探讨还将继续下去。

假如纵目面具真是表现蜀人先帝蚕丛的话，那么这一形象就是祖先崇拜的对象，是对祖先的神化。这种神化是在人的基础上发展出来的，而不同于对兽的崇拜和祭祀。从形式上来看，这种形象与同坑出土的兽面也是完全不同的，所以

称其为“纵目神面像”要更为合理些。

既然是神面像，那么就应该具有凡人所不具有的神力才合乎理想的规律。所以创造者就在人的基础上进行夸张处理，使其不同于凡人，双目凸出和双耳拉长当是这种夸张处理的结果。这从道理上也能讲的通。眼睛凸出自然就视野开阔，能看到一般凡人所看不到的事物；双耳拉长也就能远闻，听到凡人听不到的声音，和我们常说的“眼观六路，耳听八方”的意思差不多。另一方面，我们看到在其额间从鼻梁处一直延伸的很高的夔龙状饰件恰好将双眼分割开来：假如双目不凸出而同于常人，那么不仅视阈不开阔，而且连最基本的视线也受到了妨碍，这样自然就不合情理了。所以对这一艺术形象的赏析我们可以从多个角度展开。作为一件青铜艺术品，它所带给欣赏者的是一种别样的震撼。其神秘的微笑和超现实的造型在中国艺术史上都写下了精彩的一笔。

图 2-3　三星堆青铜人面像　商

“青铜人面像”(图 2-3)也是三星堆青铜器中最具特色的遗物之一。一、二号坑共出土了数十件人面像，除了在冠饰、发饰和脸部造型的宽窄长短方面有差异之外，其艺术风格却是完全一致的，包括与前述纵目神面像也属于同一种风格。这批人面像有一个共同的特征，就是保留了头部以下的颈，至肩处截止，前后还向下延伸呈尖状。与另一件“青铜立人像”(图 2-4)相对照来看，这一尖状的位置正好是当时服装领部所露出的部分。由此可以推测，这些青铜头像在当时的实际使用时，应该是安放在一人形的支架上的，并且还应当配有华丽的外衣。在其头顶部也很可能有发饰或冠饰之类，因为，在有的头像的额上留有子母口和小孔，这极可能是为了安装饰物而设的。从风格上看，这批青铜头像的脸部大多以锋利的棱角来处理，包括鼻梁、面颊和下颏，具有很强的金属感。再从其对面与颈交界处的处理来看，很显然表现的是戴着面罩的人。

这些人面像中也有表现不戴面罩的人头形象的，其形体处理就显然要柔和圆润得多，下颏也没有凸出的方形带，看上去相当的写实。这也正好说明其他头像是带有面具的。

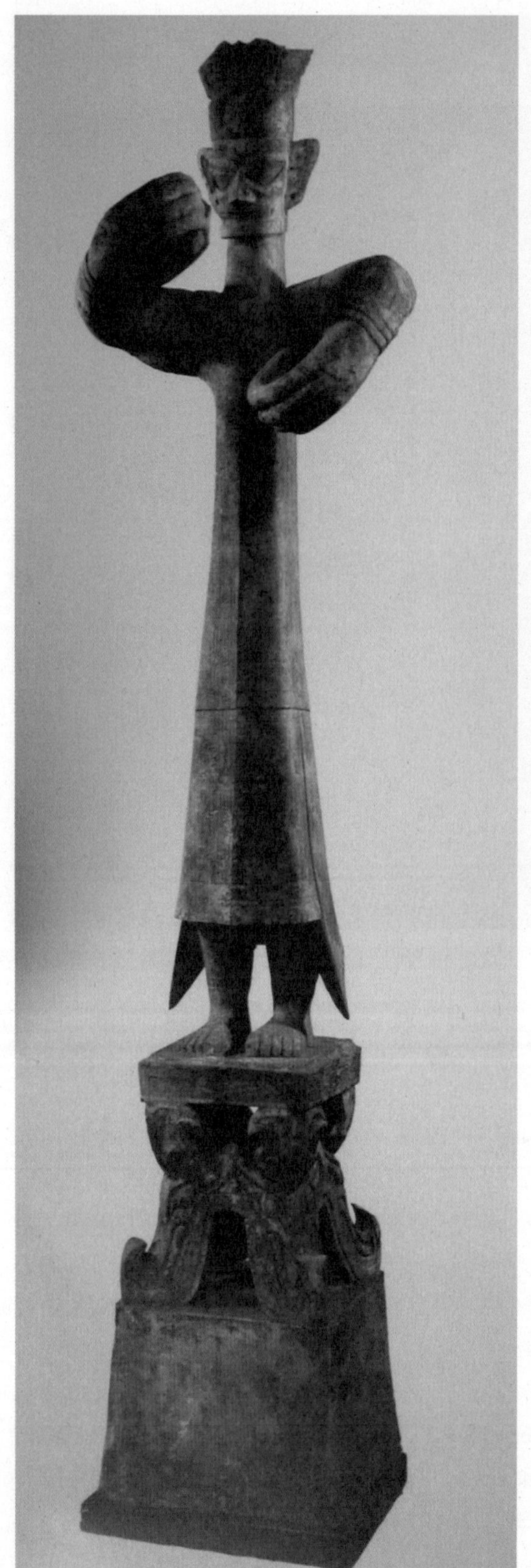

图 2-4　三星堆青铜立人像正侧面　商

图 2-5　三星堆青铜兽面　商

图 2-6　三星堆青铜兽面　商

“青铜立人像”(图 2-4)是祭祀坑中出土的最大型的青铜器，也是中国目前出土文物中最大型的青铜立人像，连基座、台座在内高达 262 厘米，重逾 180 公斤。该立人像出土于二号祭祀坑，头戴花状高冠，戴面罩；表情肃穆，与其他青铜头像风格一致；身着 V 形领衣衫，里外三层，最外层长袍下摆呈尖状，颇似西式的“燕尾服”样式；长袍上刻有三层纹饰，上层以卷龙纹为主，中层为目纹和虫纹，下层为头戴三角形冠的仰面兽面纹；两臂平抬，两手作握物献祭之状；赤足戴脚镯，立于台座之上。

关于这件“青铜立人像”的身份有多种观点，有的研究者认为其表现的是蜀王，有的认为是巫师，也有的认为可能是巫祝等。据分析，巫祝在当时具有沟通天与地、传达上天和鬼神的旨意等能力。从其手持祭品的造型来看，当为祭祀用品而非被祭祀的对象，在被埋入祭祀坑之前应该是长期陈列于宗庙的。作为一件艺术品，青铜立人像简洁的造型、肃穆的表情透射出一种独特的古典美感。

三星堆出土的青铜兽面也具有浓厚的地方特色，其形式虽然与中原殷商风格有着某些相似之处，但并非是中原兽面的移植。首先，同时代中原地区独立的青铜兽面并不多见，且一般出现在器物的装饰上；其次是在五官的造型上也与中原地区的兽面有很大的不同，如圆眼、宽眉、山形鼻等。图 2-5、6 的长眉向两边伸展后向上翻卷，与中原地区的夔纹尾部相似，但在这些面具上并看不出欲表现夔纹的迹象。双角内卷，阔口露齿使整个面具显得有点滑稽。从面具上多处留有小孔来看，这些兽面当时是安装于某个祭物之上的。

图 2-7 三星堆夔龙兽面 商

“夔龙兽面”(图 2-7)的兽面下还有一组呈对称状的承托之物,有的书上解释是两条相向的夔龙,恐怕不够准确。参照另一组兽面可以看出,该兽面下承之形正是兽面的双目,而这种兽目的表现形式与中原地区相似,应该是受到中原影响的结果。将中原式的兽目安置在兽面之下反映了蜀人怎样的一种观念,这倒是个值得深入探讨的问题。

三星堆铜器中最高者要数二号祭祀坑出土的两株“铜树”(图 2-8),高达 300 厘米。它们的造型大致相同。其中一株铜树,下有略呈椭圆形的底座,中间为直杆,杆上生出三簇枝干,每簇又各生出三个分枝,共九枝。枝头长有果实,或俯或仰,有的果实上还有“立鸟”,共 9 只。

对于铜树的含义现在有多种猜测,一般都与古代传说中具有神性的树木相联系,诸如扶桑、若木、建木、桃都等。其中扶桑和若木在传说中皆是太阳的起居之所,联系到古人对太阳的崇拜和铜树上所刻的象征太阳与云气的纹饰等情况,研究者认为这两株铜树分别代表扶桑和若木的可能性最大。《山海经·海外东经》上说:“下有汤谷,汤谷上有扶桑,十日所浴,在黑齿北。居水中,有大木,九日居下枝,一日居上枝。”“汤谷”指谷中水热;“扶桑”也名“若木”,均为传说中日出日栖之所。另外,因为传说日中有乌,故以乌代日在古代图像中是常见的。据研究者推测,三星堆二号祭祀坑出土的两株铜树,应是蜀人崇拜太阳神的实物体现。

三星堆祭祀坑出土的青铜器体现了巴蜀古国独特的文化习俗和宗教信仰。上面所介绍的几例已经能够使我们领略到巴蜀青铜器艺术别具一格的艺术风格和震撼力。其中不仅蕴含着蜀人对天地自然和社会生活的观念与认识,同时也反映出巴蜀人在造型艺术方面所具有的超凡才能。3000 多年后的今天,当我们欣赏到这些作品的时候,它们除了带给我们神秘和震撼之外,还会引起我们对中华艺术传统的种种思考吧。

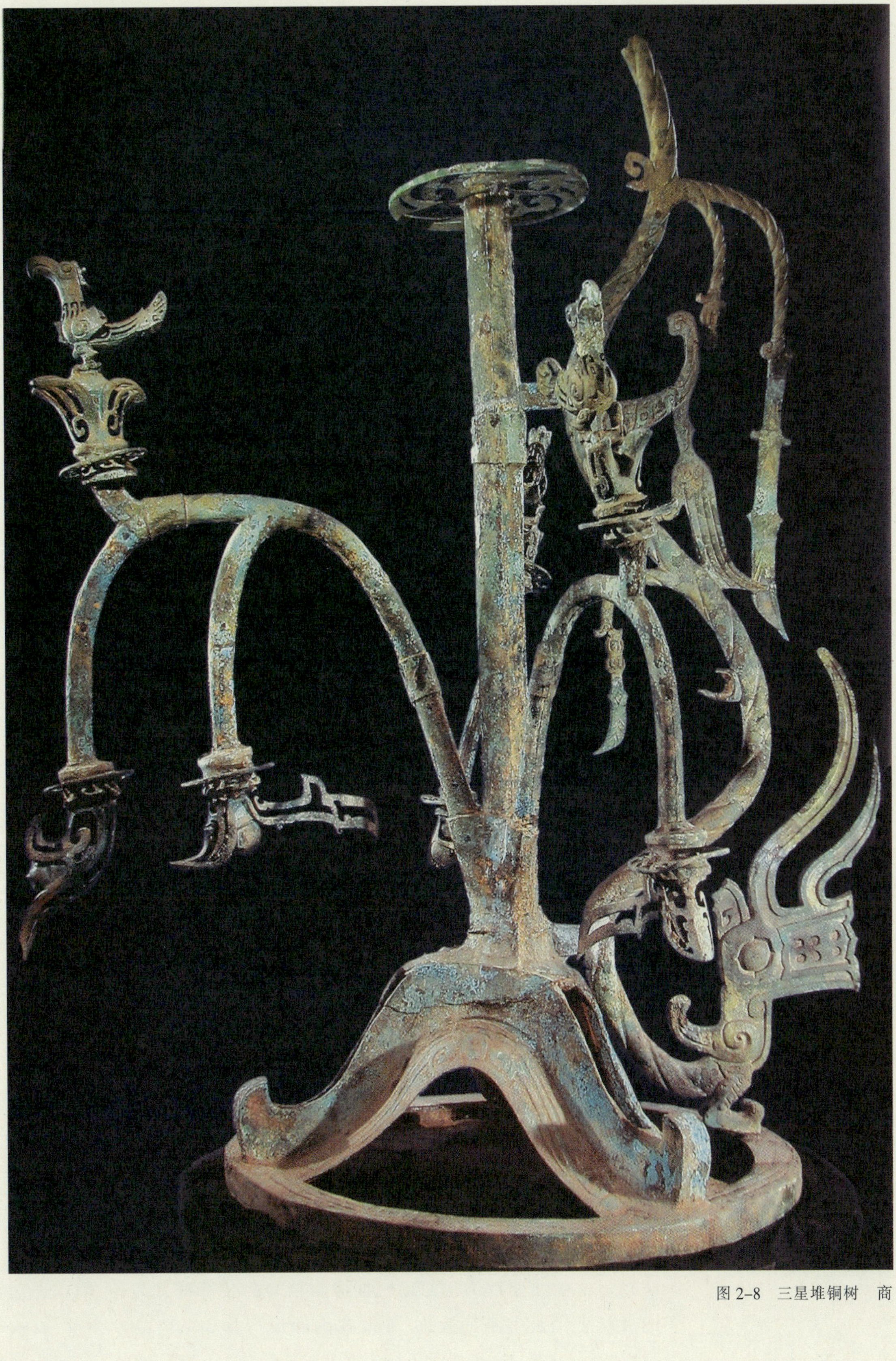

图 2–8　三星堆铜树　商

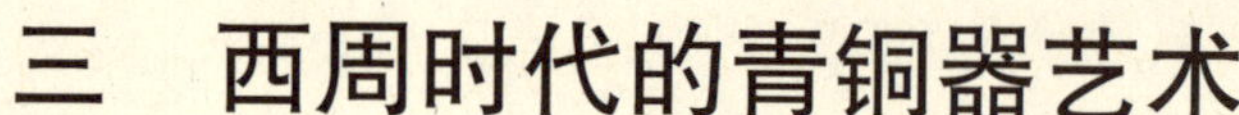

三　西周时代的青铜器艺术

公元前 11 世纪，周武王灭商朝，建立周朝，建都于镐京（今西安西南），史称西周（公元前 1046 年~前 771 年）。

艺术的发展有自身的规律，其变化是在延续的基础上逐渐形成的，并不会因为朝代的更替而一夜之间产生突变。青铜器艺术的发展也是如此。西周早期的青铜器从形制到纹饰基本上因袭了商代晚期的特征；到了西周中期的穆王时代之后，一方面还保留着部分传统的形制和纹饰，另一方面则出现了许多新的样式，这一时期可谓是新旧交替和转变的时期；发展到西周晚期，青铜器的形制与纹饰渐趋简单，主要是中期的延续而无太大的变化。

西周早期（武王至昭王）青铜器的器形与纹饰从总体来看并无明显的变化，几乎没有出现新的器形。鼎、鬲、簋、甗、觚、尊、壶、卣、觥、罍等器的造型，有的基本沿袭晚商，有的略有变化。其中簋类的变化比较突出，最典型的是在簋的圈足下增加了一个方形座，提高了器体。这可能与当时的使用习惯有关（图 3–1）。不过，在工艺美术史上著名的西周时期青铜器也有不少，介绍几例如下：

“大克鼎”（图 3–2）为西周孝王时期器，1890 年出土于陕西扶风法门寺，通高93.11 厘米，重 201.5 公斤。鼎的内壁铸有 290 字的铭文，通过对铭文的解读了解到，该鼎是当时的大贵族膳夫克用于祭祀其祖父师华父的重器。铭文中提到师华父的美德和功绩以及克感激周王对自己的重用等等。大克鼎的造型为束颈鼓腹宽体柱足式，两耳直立厚大，腹部宽大呈扁体形，下承三柱足粗大有力，气势宏伟。外壁纹饰分为两个大部分，口沿下饰三组兽面纹，腹部饰有宽大的波曲纹（也称“环带纹”）。这种波曲纹饰是西周时期应用较多的装饰样式之一，即以连续的波状带构成等距的纹饰，在波谷内添加与其相适应的单独纹，具有由反复而产生的节奏感。柱足粗大，并在上部饰有兽面装饰。据青铜器研究专家马承源分析，大克鼎的铸造年代正是西周中期，也是奴隶社会走向衰落的时期，但大奴隶主贵族仍然享有着特权。据该鼎铭文记载，周王赐给克的田地相当广大，并赏赐奴隶，“这样大规模的赏赐财富，说明奴隶制度还未完全失去它的历史作用。”（参见马承源著《中国古代青铜器》第 102 页，上海人民出版社，1982 年版。）

作为历史见证的青铜器不仅是先人为我们留下的珍贵的艺术财富，而且也为我们提供了用来还原历史真实性的重要实物凭证，尤其是像大克鼎这样铸有长篇铭文的重器更是弥足珍贵。

“何尊”（图 3–3）为西周早期（成王）器，1964 年出土于陕西宝鸡，高 38.8 厘米。该尊为觚形圆口方体，形体粗壮，腹和圈足均为方形圆角，腹部上下饰以兽面，上部兽面采用高浮雕的手法雕刻而成，包括向内翻卷的羊角、鼓目、涡卷鼻，四周有高突的棱饰。整件器物的装饰层次分明，具有很强的立体感。

图 3–1 青铜簋 西周

图 3–2 大克鼎 西周中期

“何尊”的价值不只在艺术方面，它还具有很高的历史文献价值。因为在该尊的内底刻有一篇记载成王五年营建成周洛邑之历史事件的铭文。该铭文大意为：“王开始营造成周，对武王举行了丰福之祭。四月丙戌这一天，王在京室对宗小子（即该尊的主人何）诰诫说：‘从前你已故的父亲公氏辅协文王。文王得到了上天赋予统治天下的伟大使命。后来武王攻克了商的都城大邑商，曾祭告于天下说，我建都在这天下的中心，从这里来治理人民。’又说：‘公氏对于上天是有勋劳的，你要很虔敬的祭享啊！’王在结束他的训诫以后，把三十串贝赏赐给宗小子何。于是何把自己光荣地受到王的接见和赏赐的事铭

图 3–3 何尊 西周早期

图 3-4 象首兽纹钺 西周早期

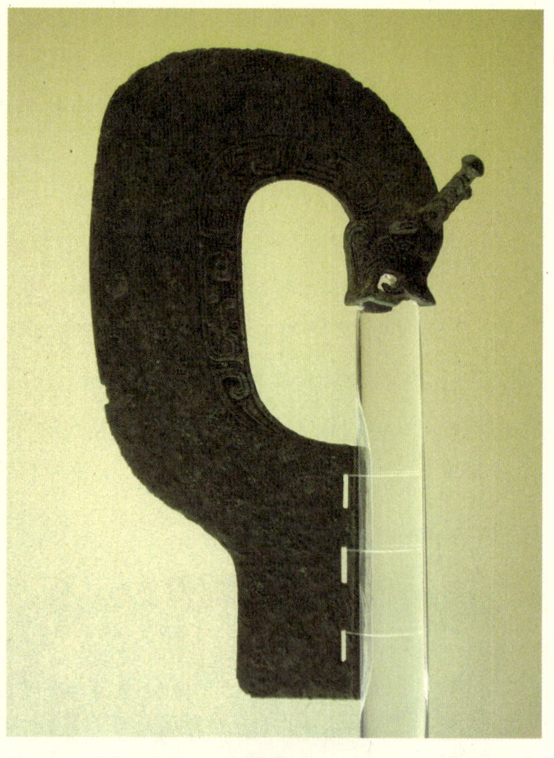

图 3-5 耳形龙首钺 西周早期

铸在这件礼器上，以祭祀他的父亲公氏。时在王第五年。据铭文，这个王就是成王。何尊铭文记载的是文王受命，武王灭商而营造成周洛邑，成王继续营造洛邑的这个著名的历史事件。”（见马承源著《中国古代青铜器》第 73 页，上海人民出版社，1982 年版。）所以说“何尊”是一件具有重要历史资料价值的遗物。

西周时期的异形钺也颇有特色，如现藏于上海博物馆的“象首兽纹钺”和“耳形龙首钺”（图 3-4、5）。前者将象首形兽与钺组合在一起；后者则将钺的上部弯曲成龙形，并在其端部饰以立体的龙首，可谓独具匠心之作。

西周早期青铜器艺术最值得注意的是纹饰。这时不仅出现了个别新的装饰主题，就连传统主题的装饰在形式处理上也出现了微妙的变化。

蜗体兽纹是这一时期出现并且运用较多的一种纹饰，其特征比较奇异，为前代所未见，可至西周中期即消失了。如 1971 年陕西泾阳高家堡出土的“饫卣”（图 3-6），盖面及腹部均饰有这样的蜗体兽纹；在此期的簋、尊等器上也都可见到这一母题的纹饰。这种纹样头部似龙形，长鼻上卷，头顶有触角，而身体却作螺旋形似蜗牛壳状，并有一利爪伸出置于兽头之下。这一怪诞的造型给后人留下许多神秘感，因此人们对其的认识也不一致，虽较多的谓之夔纹，但由于其形象怪异，与传统的夔纹有着明显的不同，所以根据其形象特征，又有称其为蜗牛纹的；还有的人认为

图 3-6 㝬卣　西周早期

这种纹饰就是古书上所记载的一种叫做“猰貐”的食人兽等等。在尚难断定其确切所指的情况下，不妨根据其形象，谓之蜗体兽纹。可以推断，这种蜗体兽纹表现的是一种带有神话意味的幻想动物，而不是表现现实中的某一动物。在西周早期青铜器上，蜗体兽纹大多饰于器物的主体部位，从而取代了原来的兽面纹。可以想象，这在当时一定是有其特定的象征意义的。只是时过境迁，又缺乏史料记载，故而生活在现代社会的我们就很难破译了。

图 3-7　凤鸟尊　西周早期

另一个令人关注的装饰母题是凤鸟纹。前文在殷商青铜器的介绍中曾谈到过凤鸟装饰。西周早期的凤鸟纹较商代有了较大的发展，就装饰部位而言，已由原来的从属位置转向主体性位置，数量明显增多，造型更加流畅，装饰也更为华丽。尤其是将凤鸟设计成回首反顾之态，一改过去那种规则、拘谨的风格，并与飘逸的大尾长冠相呼应，使凤鸟更具运动感。“凤鸟尊”(图 3-7)1976 年于江苏丹阳司徒出土。我们可以看到，作为尊体最主要部位的腹部饰有两组相对反顾的凤鸟，凤鸟翘首反顾，长冠翻卷，恰好与上卷的凤尾形成反向的适应关系；其线形流畅，体态优雅，殷商时期的那种威严、肃穆感已明显消退，蕴含其中

图 3-8　公卣　西周早期

的是轻松、自由乃至奔放的审美情绪。特别是貌似简单的反顾处理，恰说明了设计者所处的创作氛围明显有别于过去，与商代身首同向的凤鸟造型相比较，显得更加生动、洒脱，传达出一种前所未有的情韵。透过这一表象可以窥见当时人们的审美意识正在发生着根本性的变化，这对中国传统审美观念的逐步成型具有重要意义。

同样，1965 年安徽屯溪奕棋出土的“公卣”(图 3-8)，其上的装饰也是以反顾凤鸟为主体，夔龙纹与兽面纹从大小比例到装饰部位都居于次要地位；双凤相背成组，长冠大尾优美华丽，尤其是长冠的处理，逶迤交缠，颇具匠心，给本来略显沉重平稳的器物增添了几分轻灵之气。

图 3-9　𢐗伯羊尊　西周中期

对于青铜器形制和纹饰的发展变化来说，西周中期（穆王至夷王）是一个新旧交替的时期，在保留着传统样式的同时，还出现了许多新的式样。器物的造型显然比以前自由得多，诸如形似锅状，大敞口圜底兽蹄足的盂鼎，两侧附有象鼻形耳的伯𢦚饮壶等，都流露出曲线美的魅力；另外，还出现了长方形圆角的新食器“盨”等。肖生造型器仍然流行，造型趋向简洁饱满，很少作满地纹饰，往往仅在器物的主要部位略加装饰，有的甚至不加纹饰。如1974 年在陕西宝鸡茹家庄出土的“𢐗伯羊尊”（图 3-9），羊角盘卷，与羊额、鼻形成一体，体态丰满，线形简洁，仅在前后腿上饰以简单的线形涡卷纹，体现出一种简约之美。

西周中期青铜器的装饰发生了较大的变化。曾经盛极一时的兽面主题逐渐减少，其形象也开始简单化，甚至不再遵循原来的规范而出现了变形。本来在兽面纹中处于突出位置的目纹，也被简略到可有可无的境地，并很少再施满地云雷纹，如属于这一时期的卫簋、日己方彝、蔡姬尊等上的兽面纹就体现了上述特征。兽面纹的蜕变，反映出人们审美观念的变化，而审美观念的变化无疑是被整体社会意识形态的变化所驱策的。

凤鸟纹在这一时期是最为流行的装饰母题，尽管其基本造型与西周早期相似，但装饰更为精致、华丽。著名的“𢦚簋”（图 3-10），1975 年于陕西扶风庄白家出土，是颇具代表性的一例。此器的造型设计注重形体的微妙变化，口沿下微微内敛和下腹微微外鼓而形成的 S 形变化，与饱满的盖面弧线形成对比与反复，已不再只是浑圆简洁可以与之相比拟的了；两立鸟形器耳与器

身曲线相谐调；器盖与器腹均饰以对凤纹，凤鸟的造型稳健，翻卷转折都恰到好处，面与线的转换处理相互映衬，凤颈下还刻画出鳞状羽毛。整件器物给人以造型有度，装饰华丽但并不繁缛的审美感受。

西周中期还有一种长尾鸟纹也很盛行。其基本特征与凤鸟相类似，只是鸟尾特别长，其长度几乎是鸟体的二至三倍，长尾与鸟体作错位分离处理；头上有冠但较小，颈部较短。这类鸟纹多饰于狭长的外形之中，作为边饰出现。

花冠龙纹也是这一时期较普遍的一种装饰。这种龙纹头上无角，而是加上一个类似凤鸟的花冠；躯体部分一般很长，尾部多作分叉并向两个不同的方向翻卷，这种形象的龙纹装饰或许与当时人们对凤鸟的特殊偏好有关吧。

值得注意的是，西周中期的青铜器装饰中出现一些由动物变体而来的几何式装饰，它们虽然由动物纹演化而来，但已经脱胎换骨，故而整体看去已几近抽象几何形了，只是隐约可见一些残留的动物特征。其中波曲纹是最典型的一种。这种变体几何形图案既可作为具体的纹饰，也可作为装饰的基本结构，构成一种气势宏大、连贯且富有变化的装饰效果，同时又能获得整体上的统一谐调。前面提到的“大克鼎”上的波曲纹便是一例。再如 1976 年陕西扶风庄白家出

图 3-10　𢦏簋　西周中期

土的“瘐壶”(图 3-11)上的装饰是一例。该壶的造型为细颈鼓腹，颈的两侧有兽耳衔环，自颈至腹饰以波曲纹三周，连续的波曲线极富节奏感和韵律感，整体看去，大气磅礴。波谷内也设计了相应的几何形纹样与之相契合。在纹样中隐约可见龙蛇一类动物纹的某些痕迹，但已全然没有了原来的符号意义，展现出来的是一种对形式美感的追求和抒发，体现了与凤鸟纹装饰相一致的审美倾向。另外，如恭王时期的逋盂、孝王时期的克鼎等，都是以这种大波曲纹为装饰的。在该壶的盖缘和圈足上均饰以连续的窃曲纹。

图 3-11　瘐壶　西周中期

窃曲纹也是西周时期具有代表性的装饰纹样，《吕氏春秋》上有“周鼎有窃曲，状甚长，上下皆曲”之说。这种所谓的窃曲纹实际上也是动物纹的简化和抽象化，有的仍留有龙、蛇类纹样的特征，以“S”形为基本结构，应用时多作二方连续排列成的带状装饰，也有的仅以一个单元独立构成适合图案。

西周中期以几何形形式出现的青铜器纹饰比较典型的还有垂鳞纹。其形式类似鱼的鳞片，由层层相叠错位排列的“U”字形纹样组成。这种纹样也由动物纹上的装饰演化而来，因为在西周早期的龙纹躯体上曾有以这种纹样为饰的。施有这类垂鳞纹装饰的青铜器有师酉簋、师兑簋、大簋等。

西周晚期(厉王至幽王)青铜器从形制到纹饰主要是中期的延续，并更趋简约和朴实。虽然就整体而言，这一时期的青铜器艺术并没有什么大的突破，甚至呈现出衰退的趋势，但仍不乏有制作精良、装饰华美之作。如“克钟”(图 3-12)上的装饰设计，钟钮采用透雕的形式，腔外有透雕相交的夔龙纹构成的扉棱，玲珑剔透，与浑厚的钟体形成强烈对比，甚为华丽。此器自铭为钟，但就其形制来看与自铭为镈的乐器相似，故也有称之为“克镈”的。钟、镈均为当时的一种青铜打击乐器，镈的形制要比钮钟大，如《说文》所说：“镈，大钟，錞于之属，所以应钟磬也。”这件青铜钟上交龙形式的装饰在西周晚期并不多见，只在个别的器物上出现，如在颂鼎及上村岭虢国墓中出

图 3-12　克钟　西周晚期

土的青铜器中有所发现。而这种纹饰真正获得大发展并成为青铜器装饰中的主要母题则要到春秋晚期。因此，我们可以把这一时期交缠形式的龙纹装饰看做是新的装饰形式的肇始。

综观西周时期的青铜器艺术史，由延续继承、发展变化到衰退，勾勒出了一条十分明晰的发展脉络。从艺术的角度看，西周青铜器的形制和装饰明显地反映出殷商时期青铜器给人的那种狰狞、威严和宗教的神秘感在不断淡化，随之而起的是一种更为形式化的审美追求；舒展、自然的情绪逐渐取代了殷商时那种沉闷、拘谨的作风。这是一种进步，说明艺术的创造正向着更加人性化的方向发展。这也是只有在社会文化发生着重要变革的大背景下才有可能发生的变化。

除此之外，西周时期的青铜器还有一个重要的特点，就是出现了大量的长篇铭文。宣王时期的“毛公鼎”铭文字数最多，长达 497 个字，也是现有最长的金文。西周铭文所记载的内容涉及到社会生活的许多方面，尤以叙述祭祀、战争、赏赐、册命等内容为最多。这些铭文不仅为后人了解当时的社会文化情况提供了不可多得的史料，而且还具有很高的书法艺术价值。早期铭文的字体多遒劲雄肆，中晚期则较为规整，把它作为书法艺术来欣赏的话，具有独特的审美意趣。另一方面，长篇铭文的出现也说明了汉文字已经发展到全面成熟阶段。殷商时期青铜器纹饰所承担着的部分说明性功能，至此也已完成使命，这也正是西周青铜器纹饰之所以能显现出如此轻松、流畅的审美趋势的重要原因之一。这就使得纹饰更多地朝抒发性情和追求形式美的方向发展，向中国装饰艺术乃至整个美术的传统审美定势的形成迈出了重要一步。当然，西周青铜器艺术风格形成的因素无疑是多元的，譬如礼制宗教色彩的减弱以及政治、经济等因素，都是影响这个时期艺术风格的发展走向的大背景。

随着西周的覆亡，国家分裂、政治动荡，春秋时期的青铜器艺术又将在新的社会文化背景下出现新的面貌。

四　春秋战国时代的青铜器艺术

春秋战国时代(即东周时代,公元前770~前221年)是中国历史上一个伟大的变革时代,就社会体制而言,是奴隶制社会向封建制社会的转型时期;就社会形势而言,诸国林立,战争频繁,是一个充满着征战与杀戮的时代;从文化的发展而言,各国的兼并和大国的争霸促进了各民族、各地区文化的相互交流与融合,并出现了史无前例的百花齐放、百家争鸣的辉煌文化景观。

春秋战国时代的科学技术也取得了令人瞩目的成就,从而带动了农业和手工业生产的大发展。其中最为突出的是冶铁技术的进步和铁制的生产工具在农业与手工业生产中的逐渐普及,对于提高劳动生产力具有重要意义,同时也为工艺美术的发展创造了条件。

1. 青铜工艺的发展与演变

春秋战国时代的青铜工艺在商代和西周的基础上有了进一步的提高,在青铜冶炼、铸造和装饰等工艺领域都有突飞猛进的发展,体现出鲜明的时代特色。

(一)青铜器铸造技术的进步

先秦时代青铜器铸造技术的成就首先体现在人们对冶铜技术的认识方面。随着冶铜经验的不断积累,匠师们对用于各种不同需要的青铜器在冶铸时所需铜和锡配合的分量方面已有明确的比例规定。《考工记》中就记载着自钟鼎以下六种不同铜锡比例的青铜器,并称之为“六齐”,这是我国最早的有关青铜合金成分的文字记录。据《考工记》载，“钟鼎之齐”的铜锡比例是6:1，“斧斤之齐”的铜锡比例是5:1，“戈戟之齐”的铜锡比例是4:1，“大刃之齐”的铜锡比例是3:1，“削杀矢之齐”的铜锡比例是5:2，“鉴燧之齐”的铜锡比例是1:1。《考工记》所规定的“六齐”是合乎科学道理的，因为锡含量的多少关系到青铜器的坚韧程度。一般来说，青铜的硬度是随着锡含量的增高而增强的，而过高的锡含量反而会使青铜变脆。据现代科学测定，一般青铜中锡的成分占17%~20%的最为坚韧，超过或不足这个分量都会使坚韧度减弱。春秋战国时代人们已经非常清楚铜锡合金的道理，所谓“金柔锡柔，合两柔则为刚”（《吕氏春秋·别类篇》），“金”即指铜。尤为令人惊叹的是，春秋战国时期的铸工为了使剑一类较长的青铜兵器不仅坚而且韧，可以在同一兵器的不同部位采用不同的合金比例相嵌铸成复合金属。从近年来出土的战国青铜剑来看，往往脊部的青铜含锡量较少，而刃部的含锡则较多。含锡少则质柔而韧，不易折断；含锡量多则质硬而刚，适合刃部的需要，正合了当时的记载：“白所以为坚也，黄所以为牣（韧）也，黄白杂则坚且牣，良剑也。”（《吕氏春秋·别类篇》）

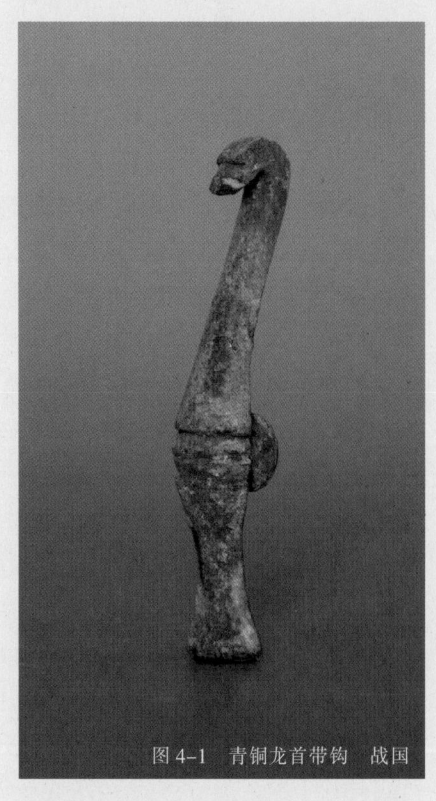
图 4–1　青铜龙首带钩　战国

此外，对于青铜合金的冶铸过程，《考工记》中也有明确记载。可见先秦铸工们在青铜冶铸技术方面已经有了相当丰富的知识，这也是先秦青铜工艺发展的重要条件。（图 4–1）

其次，先秦青铜器铸造技术的进步还体现在浇铸方面。春秋之前，青铜器的铸造主要是采用块范一次浑铸而成，少部分采用分铸法铸成，如立体的附饰、能活动的提梁、链子等，因而一些复杂的透雕装饰是无法完成的。春秋中期以后，铸造技术获得了很大的发展。其中分铸法和印模法的广泛运用，大大提高了青铜器生产的效率。尤为令人注目的是失蜡工艺的发明和运用，使一些华丽复杂装饰的青铜器的铸造成为可能。现将几种铸造法简述如下：

①分铸法

也称二次铸造法和多次分铸法。尽管分铸法早在商代就已发明，但在当时只是把它用于形制比较复杂的铜器的局部；到西周至春秋早期，绝大部分铜器的附件（如器耳、足等）都采用了分铸法，但其范仍然是从预先制作的整模（即完整而具备附件的模，也称“母范”、“母型”）上翻制，发展到春秋中晚期才有了根本性的改进，将器身与附件分别单独作模。考古人员在山西侯马晋国都城铸铜遗址中发现过不少铜器附件（如铜足、耳和钟甬等）的母范，甚至像鼎腹、钟鼓等一类的器身母范，也只是按着器形的弧度做出其中的一段或一部分。此方法的采用大大提高了生产效率，节省了工时，因而在当时获得了普遍的推广。运用分铸法制出的铜器，具有完全一样的特征。

②焊接法

与分铸法密切相关的是焊接法。焊接法最早出现于西周时期，到了春秋中期才开始比较普

遍地使用。河南新郑铜器群的出土表明，焊接法不仅用于簋、簠之类的器耳，也用于鼎足。

③印模制范法

印模制范法是春秋中晚期开始的对铸铜工艺的又一重要改进。这种工艺是在传统的块范铸造技术的基础上发展出来的，即先制成规格化的模具，然后可以翻印出无数同样花纹的范，使用时将它们按照制作要求拼接起来，在制作上不必将整器繁复的花纹逐个雕刻出来，既节省了工时，同时也能获得连续一致的装饰效果。从侯马出土的陶范花纹来看，大多同一部位、同样花纹的模都只有一块，因而同组花纹反复的装饰极为常见，说明这种印模制范法在当时已被普遍采用。我们所见到的春秋中晚期盛行的蟠虺纹和蟠螭纹等装饰，大多是运用此法印铸的。

无论是分铸法还是印模制范法，都是在更大限度地发挥母范的作用。它们的运用既使生产效率不断提高，同时也为铸造结构复杂、匠心独到的艺术创造提供了可能性。

④失蜡铸造法

也称"熔模法"，即先用蜡制成待铸器件的模型，然后在蜡模上涂以泥浆至需要的厚度制成泥模，待泥模干燥后焙烤成半陶质，蜡模受热后溶解流出，最后在预先留出的浇注口中灌注铜液，冷却后撤模，铜器便铸成了。

运用失蜡工艺铸造青铜器是世界文明古国所常见的方法。对于这种方法在我国的使用，长期以来都是一个有争议的问题。我国关于失蜡工艺的文献记载出现较晚，宋代赵希鹄《洞天清禄集》中叙述了失蜡工艺的过程，这是最早的记录；明代宋应星在《天工开物》中详述了万钧钟的失蜡铸造工艺，并载有蜡料配方。过去，国外有人认为中国的失蜡铸造技术是随着佛教的传播由印度传入的，或认为可能是与两河流域文明相接触而获得的等等外来说。然而，目前的考古材料表明，中国最迟在春秋中晚期就已经相当熟练地掌握了失蜡铸造技术。1978 年 5 月在河南省淅川下寺楚王子午墓中出土的青铜禁，是目前中国发现的最早使用失蜡技术铸造的青铜器之一，禁体呈长方形，禁面四边及侧面均饰透雕云纹，并有 12 个立雕伏兽围于四周，体下共有 10 个立雕兽足支撑。其透雕纹饰之华丽繁缛、层次之丰富，若不具有高度的失蜡铸造技巧，要铸造出结构如此复杂之器是不可能的。王子午即楚王的令尹子庚，其活动时期在公元前 6 世纪中叶，故此禁当属春秋中期之器。再如 1978 年湖北省随州擂鼓墩曾侯乙墓出土的青铜尊和盘，是战国早期(约公元前 5 世纪下半叶至公元前 5 世纪下半叶末)典型的用失蜡法铸造的作品。尊、盘的风格一致，出土时尊置于盘中。尊口附饰着镂空的蟠虺纹，颈部饰以细密的蟠虺纹，周围有四具顾首吐舌兽，鼓腹和圈足上皆饰蟠虺纹，并各饰有主体蟠龙装饰四处；盘为浅腹，折沿饰有多层套合的镂空细密蟠虺纹，沿上有四个凸起的镂空蟠虺纹装饰，其下各有两扁形立雕夔龙，腹外有四立雕蟠龙，下有四龙形蹄足。此套尊盘纹饰繁缛，结构复杂。还有像 1977 年河北平北出土的战国晚期器"龙凤青铜方案"(图 4–2)也是失蜡工艺铸造的典型作品，案座为四龙凤交错缠绕于圆形座盘上，盘下有四卧鹿承托，做工精细华丽，独具匠心。

尽管我们还不能明确回答出失蜡法在中国的起源时间，当时的铸造情况也有待于进一步的发现和研究，但是从已知出土物所呈现的高超的失蜡铸造技巧和独具的民族特色来看，我国独立发明这种技术是完全有可能的。

(二)青铜器装饰工艺的发展

传统的青铜器装饰工艺主要采取直接在模壁上雕刻的手法，使铸成的青铜器表面的纹饰呈

浅浮雕状。以前的镶嵌工艺也主要表现在玉、石的镶嵌方面,譬如殷商时代的钺、刀之类的青铜兵器就流行用玉或石镶嵌花纹。随着青铜工艺的发展,至春秋战国时代,除了如前所述用印模制范法产生的连续纹样装饰和采用失蜡等工艺产生的镂空装饰之外,最突出的发明是金银错装饰工艺、纯铜镶嵌工艺和线刻工艺。这三种新兴的青铜器装饰工艺都是在当时新的技术条件下发展起来的。其中冶铁炼钢技术的发展起到了决定性的作用。由于铁器的使用为青铜器的装饰提供了坚硬而锐利的工具,使得手工业工人能够对青铜器进行更加细致的加工,并由此而产生了新的装饰手法。

①金银错

金银错装饰工艺是传统镶嵌技术的发展,即在青铜器表面镶嵌以金银丝,构成文字或纹饰。制作金银错铜器大多是在做范时,预先在母范上刻出凹槽,待器铸成后再在凹槽内镶嵌金银,经打磨完成。也有少数金银错铜器是在铸成器形后,再用钢刀刻出凹线后嵌入金银丝的。这类纹饰或铭文可以是极为精细的,有的金银丝甚至细如发丝,令人叹为观止。

图 4-2　龙凤青铜方案　战国晚期

较早的错金银工艺见于春秋中期，如在著名的春秋中期器“栾书缶”（图 4-3）上，就施有长篇错金铭文，其光泽至今仍熠灼如新，代表了当时晋国青铜错金工艺的水平。在南方的楚、越、宋、蔡等诸侯国的兵器上，也常常饰有错金的美术字，因其笔画作鸟形，故有“鸟书”之称。金银错纹饰的大量使用是从战国早期开始而盛行于战国中期的。这种工艺不仅施用于兵器、礼器和日用器上，而且在车马器、玺印、符节、带钩、铜镜乃至一些铁器和漆器附件上也都见有金银错装饰或铭文的施用。其中具有代表性的先秦金银错青铜器如：

图 4-3　栾书缶　春秋中期

1965 年出土于山西长治分水岭的“错金豆”为战国早期器，通体均施以错金纹饰，盖器均饰以变体夔纹，足上饰以垂叶纹，边缘为斜角云纹，华美的纹饰与错金的光泽相得益彰。

1977 年出土于河北平山三汲的“虎噬鹿器座”、“错金银犀屏风插座”（图 4-4）和“有翼神兽”等青铜器，均为战国中晚期器。动物的身上均以金银错为饰，不仅纹饰清晰闪烁，而且器表光洁平整，体现出金银错装饰工艺的独特魅力。

1958 年在安徽寿县丘家花园出土的“错银卧牛”为战国中晚期器，牛体遍饰错银云纹。

1966 年陕西咸阳出土的“错金银云纹鼎”为战国中晚期器，通体错以金银，体现了秦国在金银错工艺方面的较高水平。

战国时代金银错青铜器的例子不胜枚举，从出土物的地理分布情况和艺术风格等方面考察，七国的工匠们都应掌握了这种装饰工艺。

图 4-4　错金银犀屏风插座　战国时期

②纯铜镶嵌工艺

所谓纯铜镶嵌工艺，其工艺手法与金银错相类似，即先在青铜器表面铸成凹槽的纹样，再在凹槽内嵌入纯铜薄片，构成各种图案，然后打磨至与器表平，通过铜质光泽与器物本色的不同显出花纹。这种装饰工艺始见于春秋中期，流行于战国初期。1978 年河南淅川下寺出土的“嵌红铜龙纹”为春秋中期器，通体镶嵌红铜龙纹和半环形纹。该器是较早采用纯铜镶嵌技术的代表作之一。至春秋晚期，这种装饰工艺开始被广泛使用，如安徽寿县蔡侯墓铜器群中，有敦、豆、缶、方鉴及四耳盘等共 7 件铜器上均用纯铜镶嵌花纹，其纹样主要为龙纹界以菱形纹。

战国早期这种工艺盛行于南北各地，装饰纹样的题材也丰富多样，如 1951 年河北唐山贾各庄出土的“嵌红铜狩猎纹壶”、1923 年山西浑源李峪出土的“嵌红铜狩猎纹豆”以及 1936 年河南辉县琉璃阁出土的“嵌红铜龙纹扁壶”等都是这一时期的作品。

③线刻装饰工艺

线刻装饰工艺是一种用极锐利的尖刃在铸好的青铜器上刻凿出纹样的工艺。其特点是纤巧精细，线条细如毫发，是兴起于春秋晚期，盛行于战国早中期的一种青铜器装饰工艺。从目前发现的线刻青铜器的纹饰来看，在装饰题材上具有一个共同点，即多为描写宴飨、狩猎等贵族现实生活主题的画像图案。如江苏六合程桥二号墓出土的五片铜器残品上，有用虚线镌刻着的树木、野兽、对饮的人物以及侍者等，从这些残片的图像上可以看出这是一幅描写贵族宴饮和狩猎的生活图像；1985 年在江苏丹徒县谏壁镇王家山出土的铜匜、铜鉴和铜盘的内壁等部位均装饰着用楔形短线刻画的纹样，内容有宴饮、舞乐射侯及蟠蛇纹等，其题材和风格与六合程桥出土的残

图 4-5 龙纹壶 春秋晚期

品相一致。总的来说，春秋晚期线刻作品的线条比较简朴，体现出早期的特征。如图4-5为1978年河南固始侯古堆出土的线刻"龙纹壶"，壶的颈、腹部均饰以线刻纹样，线条比较粗犷拙朴。而到了战国时期，线刻技巧已相当娴熟，表现的题材更加多样，形式也更加丰富。如河南辉县琉璃阁一号墓出土的刻纹奁、辉县赵固的刻纹楼室燕乐盘、长治分水岭12号墓出土的刻纹人物车马建筑残匜等战国时期的线刻装饰青铜器就已具有很高的工艺水平。

值得一提的还有一种将漆器工艺运用于铜器装饰上的新形式。这种颇具创造性的装饰工艺发现于下寺楚墓出土的青铜器上，即在青铜器花纹的凹下部分填嵌以黑漆。在下寺2、7、8、36号墓中都出土了这种镶嵌黑漆的青铜鼎。这些铜鼎的腹、耳和盖等处的花纹凹槽内均填有黝黑发亮的黑漆，由漆与青铜质地色彩与光感的差异形成对比效果，呈现出独特的美感。在楚地创造出用髹漆工艺装饰的青铜器，这与楚文化中发达的漆工艺是分不开的。

2. 青铜器的形制与纹饰

春秋战国时代是一个动荡和变革的时代，在青铜器形制与纹饰的变化上也充分反映了这一时代的特征。就总体而言，西周晚期至春秋早期主要是政治形势的变化，在礼制上并没有根本性的改变，因此青铜礼器的使用、形制和纹饰方面也同样以沿袭前代为主要特征。青铜器的组合情况普遍与使用者身份的高低尊卑相对应，仍然以统治者制定的礼制为规范。西周列鼎制度中的天子用九鼎，诸侯用七鼎，卿大夫用五鼎，士用三鼎，以及在簋、鬲的礼数和青铜乐器等方面的具体礼制规定在春秋早期仍被延续。到春秋中晚期，尤其是战国时代，诸侯大国有了充分的政治和经济实力，"礼崩乐坏"的社会现实在青铜礼器的组合上也被反映出来。从考古发掘的情况来看，春秋中期以后，随葬青铜礼器数目超过墓主名分的情况普遍存在。如在辉县琉璃阁发掘的三座

春秋中期的九鼎墓，其墓主并非一国之君，却用天子国君之礼，按照礼制这显然是一种僭越。由此可见当时统治者内部矛盾的日趋尖锐和统治秩序的紊乱。

青铜器形制的演变与创新是与各个历史时期的社会大背景相一致的。春秋早期各诸侯国青铜器的形制和种类大致与西周晚期相同；春秋中期之后，随着奴隶制度的分崩瓦解，旧的礼制受到巨大的冲击，青铜礼器原有的象征意义也逐渐消除，大量原来被视作权力与威严象征的青铜礼器逐渐向着世俗的日用器物转化。因此，把器物的形制朝着更加实用的方面进行改造也就十分必要了。许多旧的形制被重新改造成新的样式，并创造出了新器种，如敦、卮、缶、扁壶、杯、鉴等器都是这一时代流行的新款器物。由于设计变化的丰富多样，以至于有一些器物至今仍无法知晓其确切名称。

青铜器形制剧烈变化的局面直至战国中晚期才逐渐平缓下来。应该指出的是，尽管春秋战国时代大量青铜器向日常生活的实用器转化，甚至其商品特性也愈加明显，但在当时，青铜器毕竟还是一种象征财富的珍贵之物，是满足上层社会人们钟鸣鼎食需要的奢侈品，而布衣庶民是绝对不可能享用的。

青铜器的命名有的是根据器上的自铭而定的。在春秋战国时代的青铜器中，有的虽然属同种器类，但由于在当时的用途不同而被分别冠以不同的名称。如鼎，有“镬”“鼾”“鼎升”“飤鼎”等，“镬”即“鼾”，是一种专门用于燕飨的大鼎；“鼎升”或谓之升鼎，升是献的意思，据先秦文献记载，升鼎是用于祭祀和燕飨时盛放煮好的牲肉的，即所谓“煮于镬曰烹，在鼎曰升”（《仪礼·士冠礼》）；而“飤鼎”主要是用于日常生活的实用器。

春秋战国时期青铜器的纹饰也同形制一样发生着变化。尤其自春秋中期以后，盛行于商周时期的饕餮纹由变小到打散重构从而让人难以辨认其原来的形象特征；夔纹、鸟纹等逐渐绝迹，代之而起的是几何化的连续纹，如窃曲纹、重环纹、垂鳞纹等；蟠虺纹和蟠螭纹盛行。战国时代的纹饰繁缛精致，已经完全摆脱了商周青铜器纹饰所表现出来的那种神秘气氛，显得华丽精细。另外，春秋战国时代青铜器上还出现了许多表现现实生活内容的图案，而且不少作品具有很高的艺术水平。这是先秦工艺美术史上的一项重要成就，在中国的纹饰艺术乃至整个美术的发展历程中都起到了举足轻重的作用。

（一）春秋早期青铜器的形制与纹饰

①形制

春秋早期青铜器的考古发现并不太多，比较重要的墓葬有：河南三门峡上村岭虢国墓、郏县太仆乡春秋早期墓葬，陕西宝鸡县太公庙村以及河南新郑，山东曲阜鲁故城、黄县归城南埠村和烟台上夼村等。

春秋早期青铜器的形制基本承袭了西周晚期体制，但也有些变化并发展了少量新器。最常见的饪食器有鼎、鬲、簋、簠等几种，甗、盨、豆次之，新出现的有盆；酒器有盉、尊、罍、缶、壶、𬭚等，新出现的有甇；水器中的盘和匜也极为常见；乐器中除甬钟之外，又新出现了钮钟和镈。此择几例来说明本期青铜器形制的基本特征。

鼎　鼎是青铜礼器中最为重要的器物之一，商周以来发展出许多种样式。春秋早期鼎多为兽蹄足、鼓腹或浅腹圜底圆鼎，有立耳和附耳两种，兽蹄足多作中间窄、两端粗的半筒状，与西周晚期常见的圆鼎特征基本相同。其中曾侯仲子鼎、芮太子鼎、费敏父鼎等都是本期的重要作品。

但春秋早期之鼎有一点值得注意的变化，即鼎耳呈外展的造型，这在春秋以前是不多见的。譬如山东沂水刘家店子出土的“蟠蛇纹鼎”，在其浅宽的器体上附有一对微弧外展的打耳，与那些端庄肃穆的直耳鼎相比，显得多了几分疏放感和动感，这似乎预告着即将来临的一场精神变革和社会体制变革。这种对动感的审美追求在春秋中期之后的青铜鼎上得到了更进一步的体现。

鬲　春秋早期的鬲在造型上与前代并无太大差异，然而从审美的角度看，其形体的处理则比前代更加简洁明快。例如流传于世的“郑伯鬲”(中国历史博物馆藏)、湖北京山苏家垅出土的“黄朱柢鬲”等都具有这一特征，均为折沿宽唇，倒圆锥形的袋足显出几分轻盈通脱之气，口沿下一道简洁的几何形纹饰更衬托出器物形体本身的美感。

壶　本期的青铜壶在总体特征上相对于西周晚期变化不大，主要为圆壶和方壶。圆壶主要是圆体宽颈的垂腹形式，较典型的如“曾伯壶”和“波曲纹壶”等，颈侧均有兽形耳，曾伯壶的兽耳上有套环，盖顶作莲瓣形，均与西周晚期特征相同。但也有特例如 1977 年至 1978 年在山东曲阜望父台出土的一对圆壶，即“侯母壶”(图 4–6)，造型特异，颇具特色，壶为小口直领，壶体似卵形，低圈足，自颈下至足的外曲弧面既充满张力又富有变化；壶盖作蟠龙形，盖侧有两小系，器身有四系；器肩部饰螭纹一周，腹部上下饰以三角几何纹，间以一周卷龙纹，圆足饰垂鳞纹，器领有铭十五字。侯母壶的造型尽管只是特例，但却反映出一种挣脱旧式器形束缚的观念已经萌生。

此外，还有一种曲颈式瓠壶颇具特色。瓠壶早在商代早期便已出现，但均作上小下大的直体形。这种变体瓠壶出现于两周之际，如“鳞纹瓠壶”，体形似瓠而颈曲于一侧，盖有环链与器相连，腹有方鼻，下承圈足，腹饰垂鳞纹。

青铜壶形制的变化与发展主要是在春秋中晚期以后，尤其在战国时期有较大发展。

盆　盆是出现于春秋早期的一种新款器种，盛行于春秋时期。传世的春秋早期青铜盆的用途与流行于西周时期的盂相仿，主要用作盛食或盛水。《仪礼·士昏礼》载：“新盆槃瓶”，郑玄注：“盆以盛水”；又《周礼·牛人》载：“凡祭祀共其牛牲之互，与其盆簝以待事。”郑玄注：“盆所以盛血”。然而从出土青铜盆上的自铭来看，多与食有关，有“飤盆”、“飨盆”等自铭，故而推测其主要功用应是盛食。盆亦见有自铭为“盏”的，当属同器异名。

春秋早期青铜盆的形制特点主要为折肩平底，一般有盖，肩上有一对兽首耳，其变化主要在口缘部位，或呈

图 4–6　侯母壶　春秋早期

平缘(如"曾大保盆"),或侈口(如河南新野城关镇出土的"绞龙纹盨"等)。

②纹饰

春秋早期青铜器的纹饰基本上是西周晚期的延续,常见的纹饰题材主要有龙纹、蟠虺纹、鱼纹、窃曲纹、垂鳞纹、重环纹、波曲纹等。从形式上看,龙纹又可分为蟠龙纹、交体龙纹、双首龙纹等。蟠龙纹主要饰于盘内底或圆形器盖等部位,多作由外向内盘卷状,龙首居中,龙体多饰以重环纹,如1984年山东临沂中洽沟出土的蟠龙纹盘,1979年安徽繁昌县出土的盉盖上的蟠龙纹等都显现出这一相近的特征。交体龙纹又可分为两龙相交和群龙相交两类。两龙相交者,多作一上一下,下者朝上,上者下覆,两体交缠;群龙交缠的多做比较规整的布局展开。交体龙纹形式在西周晚期就有所见,而本期的交体龙纹在数量和形式变化上都较前代丰富。双首龙纹即在一条兽体的两端各有一个龙头,本期的双首龙纹多作连续纹的独立单位。

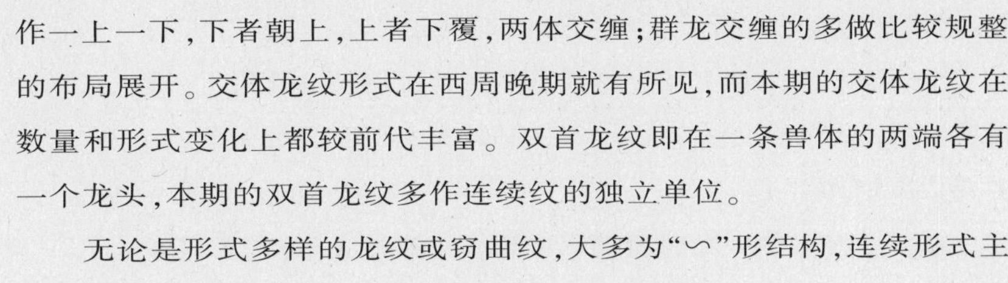

无论是形式多样的龙纹或窃曲纹,大多为"∽"形结构,连续形式主要有并列连续、交错连续、重叠连续和交织连续等。

此外,春秋早期还有少量的凤鸟纹、虎纹等题材,但大部分动物题材的图案都被变形和抽象化了。

总体而言,本期青铜器纹饰的设计和制作比较粗糙,甚至显得有些潦草,器形和纹饰都趋向简单化,因而考古界往往把西周晚期至春秋早期视作我国青铜时代的中衰时期。这一现象的出现与当时社会动荡,统治者内部矛盾的加剧,西周的灭亡以及各诸侯国之间的征战等社会现实紧密联系。同时,这种中衰现象也从一个侧面反映了当时社会经济的状况。

(二)春秋中晚期青铜器的形制与纹饰

①形制

春秋中期以后,各诸侯国的青铜器艺术发生了明显的变化。许多器种的造型给人耳目一新之感,在形式风格上表现出丰富多样的特征,表达着不同的审美趣味和精神追求。因此,春秋中晚期是我国青铜器艺术在经历了西周末东周初的衰落之后又重新崛起的时期,标志着我国青铜器发展史上第二个高峰的到来。

春秋中晚期青铜器出现了丰富多样的变化形式,代表着新的时尚和趣味的蕴生。究其原因,除了时间性因素之外,区域性的差异也是一个不容忽视的因素。当我们分别考察了这一时期各诸侯国的青铜器之后就会发现,由于区域不同而造成的青铜器风格上的差异显得尤为突出;同时,不同地区各种形式的交流造成的彼此影响和相互渗透,也使得某些风格得以在广袤的南北大地上广泛传播和流行。因此,这一时期各个地区的青铜器形制与纹饰,既存在着共同点也存在着个性特征。

根据考古发掘的材料,春秋中期和晚期较大型的铜器出土墓有:1923年河南新郑的郑韩故城内发现的新郑大墓、山西侯马上马村的晋

国墓、河南省淅川县下寺楚墓、安徽省寿县蔡侯墓等。其他还有山西长治分水岭、河南辉县琉璃阁、洛阳中州路东周墓、山西浑源晋国墓、江苏六合程桥东周墓、湖南长沙浏城桥一号墓等，也都分别属于春秋中期或晚期墓葬，所出土的大量青铜器为研究者提供了珍贵的实物史料。

综合以上各墓出土的铜器情况，可以看出春秋中晚期流行的青铜器种类大致为：饪食器中鼎、鬲、甗、簋、簠、盆、豆等传统器种仍然流行，新出现的有敦和带盖豆等；酒器中继承上期的有盘、匜、盂等，新出现的有鉴等；乐器中的甬钟、钮钟和镈仍然沿用，南方地区新出现的有錞于、句鑃等；其他如兵器中的戟、剑、戈、矛等盛行；杂器中的铜镜较少见，新出现的有带钩等。

尽管春秋中晚期大部分器种仍然是传统器种的沿用，但是在器物的造型特征方面却正在发生着具有重要意义的变革，试举要者叙述如下：

鼎　鼎是春秋中晚期形制变化较大的器种之一，将其归纳起来，大致有如下几种基本式样：

A. 直口平缘折沿侈耳鼎，特征为直口平缘，厚大的立耳外侈，腹宽耳浅，圜底，兽蹄足；

B. 覆盖深腹附耳圜底矮足式鼎，特征为圆顶盖子母口，子母口外侧有凸棱或无凸棱，盖中央有钮或捉手、附耳，腹深而鼓，矮兽蹄足；

C. 折口平缘束颈鼎，特征为平缘下有一周弧形壁，形成器颈内敛，附耳宽腹，矮兽蹄足，分有盖和无盖两种；

D. 浅鼓腹附耳兽蹄足式鼎，特征为腹宽而微鼓，近于扁平，附耳平盖，盖上有三块规矩形块状钮，兽蹄足较长且略向中聚集；

E. 覆盖直口附耳深腹高足式鼎，特征为平盖圆肩，中有套环捉手，周围立三个镂空兽钮。深腹，兽蹄足修长；

F. 直口覆盖附耳宽腹粗蹄足式鼎，特征为直口平盖圆肩，盖中央铸有环形矮柱捉手，腹深而宽，三兽蹄足较粗壮；

G. 宽体束腰平底升鼎，特征为折沿，大立耳外撇，有平盖或无盖、浅腹、束腰、平底。腹周壁多饰有攀附兽棱脊，三兽蹄足粗壮而敦实。

图 4–7　王子午升鼎　春秋中期

以上所列出的鼎的七种基本形式，有的流行面较广，如前A~C 式，无论是中原三晋地区还是南方的楚文化圈中均有所见；而有的样式则体现出鲜明的地方特色，如 E、F、G 式主要盛行于南方诸国，中原地区则不见有此形式的。总体而言，南方诸国多流行用长足鼎，形体变化的跨度较大，具有灵巧、生动、富有变化和力度的特点；中原地区则多流行短足扁圆体的盖鼎，显出敦厚、宁静和力量感。此举几例：

河南淅川下寺楚墓出土的“王子午升鼎”（图 4–7）是本期典型的楚风格青铜鼎，同墓出土铜鼎还有7 件，最大者通高 67 厘米、口径 58 厘米，造型属于上述基本类型的第七种。这组升鼎造

型新颖，由束腰收腹而形成的内曲弧线与鼎上的一对外撇耳相连贯，给人以舒展升腾的视觉感受。平底的设计可谓前所未见，在商周以来传统的鼎的形制中，仅有方鼎为平底，而在圆鼎中引入平底的设计可以说是一种创新，从审美的角度看，平直的横面与内弧的圆面形成明快爽洁的对比效果。器表的浮雕装饰繁缛精致，有夔龙纹、窃曲纹和云纹等；口沿、鼎腰带和耳均饰以浮雕卷云纹；器外壁有六只攀附兽作装饰，攀附兽的造型奇诡而充满想象力，两兽角为两只蟠曲的夔龙，尾部作成兽首状，背部又恰好组成兽面形，这种象中有像的创意手法是对商周青铜器装饰的继承和发展。兽蹄足粗壮有力，使轻盈升腾的身躯稳稳屹立而不失之于轻浮，足上的兽形扉棱与腹部的攀附兽相呼应，构成完美有序的整体。

“王子午升鼎”以其新颖的造型和繁富生动的装饰代表着春秋中晚期青铜鼎的新风格。尽管它产生于楚文化的氛围之中，但由于当时楚国的日益强大而形成在南方地区的特殊地位，使其文化影响到南方诸国。最明显的例子是安徽寿县蔡侯墓出土的“蔡侯申鼎”，也是列鼎 7 件，自铭为“𩰫”，即升鼎。其形制与“王子午升鼎”基本类似，也是束腰、平底蹄足和外撇立耳；所不同的是无盖、三兽蹄足内收；在气势上略逊于“王子午升鼎”的刚健和挺拔；纹饰也较简素，只在口沿和腹下缘饰以密密的乳钉纹，腹部中间仅饰一道弦纹，周围为六片卷云状扉棱。据文献记载，蔡国于春秋晚期（公元前 493 年）迁都安徽州来（今安徽寿县），在州来定都 40 余年。这里与楚国相邻，相对来说，蔡国显得弱小寡力。在蔡侯墓出土的铜器中见有“佐右楚王”、“建我邦国”等铭，从中可以窥见其与楚国相处的微秒关系。更何况寿县蔡侯墓要晚于下寺楚墓约半个世纪，因此“蔡侯申鼎”深受楚鼎风格的影响也就在情理之中了。这种风格的鼎在南方地区一直流行到战国末期，而北方及中原地区则未见。

寿县蔡侯墓中还出土了一种自铭为“𩰫”的鼎，即被考古学界称为于鼎的一种盖鼎。其造型是春秋中晚期南方流行的又一典型风格。它与北方中原地区所流行的鼎的明显区别在于，器腹深而浑圆，蹄足修长；而北方中原地区所广泛使用的这类圜底盖鼎，器腹多趋向扁圆，蹄足较矮。如河南新郑出土的“蟠兽纹鼎”，直口平缘，立耳外撇厚大，圜底宽腹，但不深，矮兽蹄足；再

图 4-8　蟠龙纹方壶　春秋中期

如山西侯马上马村出土的“庚儿鼎”，器颈内敛，附耳，圜底浅腹，三蹄足低矮敦实，表现出北方青铜器朴实、凝重、沉稳的风格特征。

敦　敦是春秋中期产生的一种新食器，盛行于春秋晚期到战国晚期。敦是用以盛放黍、稷、稻、粱等饭食的器皿，是由鼎、簋的形制综合发展而来的，因此在有些典籍中将簋、敦和鼎混称。《尔雅·释丘》疏引《孝经纬》说：“敦与簠、簋容受虽同，上下内外皆圆为异。”从目前所见自名为敦的器物的基本造型来看，此说较准确。敦的基本形制为上下内外皆圆，盖与器相合而成球体或卵圆形体，上下有作对称或不对称两种。春秋中期的敦为圜底浅腹，两侧有圈耳，下承三小足，盖上有三圈钮可供却置，尚未发展出上下对称形式。到春秋晚期，敦不仅在南北方都甚为流行，而且发展出了上下完全对称的形式。在南方地区流行的所谓“西瓜敦”就极富特色，球体的器形似圆瓜，中间横剖为二，有的上下均有三足，完全相同；有的下承三足，盖上则为三环形兽钮。安徽寿县蔡侯墓出土有两件“西瓜敦”，一件上下均有三足，另一件上为三钮，下为三足，通体饰以红铜嵌的龙纹，足上部有兽面，下端作兽首形。

另外，饪食器中的簋在春秋中期仍然行用，至春秋晚期则较少见了。簠在春秋中晚期仍然行用，而且口沿有一道宽边。河南固始侯古堆出土的“宋公栾簠”、寿县蔡侯墓出土的“蔡侯簠”以及传世的“许子妆簠”等都是这一时期的流行样式。春秋晚期豆除了传统的长柄和短柄圆形豆之外，还发展出了方豆。其造型为深腹细柄，豆盘与豆盖呈两斗相合形，腹部圜收，平底，两侧各有一对环耳，盖上四棱处各有一个环钮，柄呈多棱柱形，圆形圈足。固始侯古堆出土的“嵌红铜龙纹方豆”即属此形，色彩金红分明，光泽亮丽。

壶　壶是春秋中晚期酒器中最具特色的器种，在传统器形的基础上有了较大的发展。总体来分，此期壶主要为方壶和圆壶两种，但造型更加复杂而富变化，装饰更趋华丽，尤其是方壶的设计，壶堪称精品之作的不乏其例。山西侯马上马村出土的“蟠龙纹壶”(图 4-8)可谓春秋中期晋器中之精品。该壶盖顶呈镂空斗形，四隅有伏兽，盖缘有螭纹饰带；壶颈两侧各有一攀附兽耳，有垂环。颈部饰以变体波曲纹和螭纹，鼓腹部饰以交体龙纹。颈部和腹部均饰有云纹兽扉棱，与盖隅伏兽相呼应，形成统一的整体；圈足部分较高，饰有一周镂空螭纹，显然是为了与镂空盖顶相谐调的有意设计。此壶与其他同时期的晋国青铜器一样，都明显地呈现出转型期的种种特征，从器形的设计到纹饰的处理都比前期器精心和周到，并反映出追求繁缛华丽的倾向。

著名的新郑“莲鹤方壶”(图 4-9)1923 年于河南新郑李家楼出土，可谓是春秋中晚期中原地区青铜器艺术水平的重要代表器物之一。该器的设计与制作比上述侯马上马村的方壶更加考究和精致。其盖顶为镂空复瓣莲花瓣形，花瓣外展似盛开的花朵，中立一鹤，昂首振翅；器耳为攀附

的龙形；颈面和腹部四隅均饰以伏兽扉棱；圈足下承以一对吐舌有角的伏兽；器身满饰交织蟠螭纹，纹饰的结构以壶面中轴线为基准，作左右对称的设计，圈足的每一面均饰以一对相对的虎纹。“莲鹤方壶”所表现出来的富有变化的线条正是当时新崛起的时代精神的体现。壶上轻灵亭立的鹤与足下雄健而充满想象力的伏兽形成强烈的对比效果，鹤上兽下，鹤飞兽承，于情于理都能说的通，这也反映了中原地区较为现实的审美意趣。

图 4–9　莲鹤方壶　春秋中期

而差不多同时期的楚地青铜壶却与中原和北方地区的相异其趣。如下寺楚墓出土的方壶，虽然基本造型与“莲鹤方壶”相类似，皆有镂孔盖或莲瓣盖，有一对龙形耳和一对兽形壶托，但是蟠虺纹装饰都更加细密，布局集中在壶颈部和内收的圈足部，鼓起的壶腹光洁无纹，尤其在壶腹部十字形凸带的分割下更显得明快端庄，与新郑“莲鹤方壶”相较，有着明显不同的风格。

春秋中晚期青铜壶的另一种形式是圆体宽颈宽腹样式，典型的如1983 年河南光山县宝相寺出土的“黄夫人孟姬壶”，山西浑源出土的“赵孟介壶”和“鸟兽龙纹壶”等。其样式是对春秋早期圆体壶的发展。

另外还有一些异形壶也颇具特色。如固始侯古堆出土的“龙纹壶”，通高 19 厘米，口径 7.5 厘米，造型奇特，器为直颈鼓腹，颈与器身之间无曲线过渡，而是圆柱体与扁圆球体的插接，形成直线与弧线的鲜明对比。盖中央有钮贯环，肩部有两环耳，腹下有三兽蹄小足。颈、腹均采用线刻手法勾勒龙纹。这种异形壶极为少见。

尊　春秋中晚期尊主要流行粗体筒形宽鼓腹尊和各种鸟兽尊，前者在江苏、上海、安徽、湖南、广西等地皆有发现。这类形式的尊，中原地区在西周中期以后即不再流行，而在南方地区则继续延用。如江苏武进淹城出土的“蟠虺纹尊”、湖南衡山霞流市出土的“蚕桑纹尊”以及广西恭城秧家出土的“蛙蛇纹尊”等都是春秋晚期的重要作品。而后者主要流行于北方地区，典型的例子如山西浑源李峪村出土的“牺尊”和相传于山西太原出土的“子乍弄鸟尊”等。“牺尊”作牛形，高 33.7 厘分，长 58.7 厘米，曲角前伸，鼻上有一环，背有三穴，失盖，尊体满饰兽面纹，尊颈部饰以盘曲的螭龙和虎犀等小动物浮雕。此尊造型独特，沉稳端庄，制作精细，是本期同类器中少见的精品。“子乍弄鸟尊”高 26.5 厘米，以鸟首为盖，头似鹰，喙可开合，有榫旋转可紧固，颈后有鸟书铭“子乍弄鸟”，故名。此尊造型写实，羽毛刻画精细入微。以鸟形作尊是商周以来青铜尊所常见的造型。春秋以前的鸟尊，无论是鸷尊、枭尊、凫尊，大多在形体处理上比较装饰化，尤其在器表纹饰的构思上更是夸张变形，以主观成分为主。而“子乍弄鸟尊”虽然并非完全是自然主义的模拟，在其首、颈、胸部等处也都装饰着卷云纹和蟠螭纹等，但是就整体的造型和比例、各部分的

图 4–10　鸷鸟尊　春秋时期

位置大小等处理而言则都趋向真实，尤其是羽翅的表现非常逼真，前所未见，代表着这一时期北方青铜器艺术的较高水平。（图 4–10）

缶　青铜缶是春秋中期出现的新器。据文献记载，缶主要用于汲水和盛酒。《左传·襄公九年》："具绠缶，备水器"；《说文》："缶，瓦器，所以盛酒浆。"可见这种铜器是由原先的陶缶发展而来的。目前发现的铜缶都有自铭，1955 年寿县蔡侯墓中有四件自名为缶的铜器，其中两件为"盥缶"，两件为"尊缶"，可见缶的功用在当时是有专门规定的；下寺也曾出土有自铭为"浴"的浴缶，当属盥器。流传于世的铜缶仅晋器"栾书缶"一件，缶颈有长篇铭文，其中有"择其吉金，以作铸缶"铭。其形制与纹饰和"蔡侯尊缶"相同，故推断其当为酒器。

缶的基本形制为小口鼓腹，有盖，分圆体和方体两种，在造型上由于时间和地域的不同而有所变化，此以"栾书缶"为例。"栾书缶"通高 40.8 厘米，口径 16.5 厘米，有盖，盖上有四环钮，有颈鼓腹，腹上有四系。该缶为素面，只在环钮和腹系上饰以云纹，自颈至肩有错金铭文五行四十字，是我国青铜器铸以长篇铭文的较早例子。栾书是当时的晋国大臣，卒于鲁成公十八年（公元前 573 年）。据考证，此缶铸造时间当在成公十二年（公元前 578 年）。它器形规整，曲线柔和典雅，表面光洁，错金铭文金光湛湛，由此可见晋国青铜工艺技术水平之一斑。

盉　春秋晚期在传统铜盉样式的基础上进行了改造，其中较具特色的是提梁盉。一般提梁盉的形制为小口广肩，肩上设有提梁，有的提梁作龙形，提梁与盖以链相连，流多作成昂起的兽首，有的在后侧有扉棱形鋬，下有三兽蹄足。这种形式的盉一直流传于战国时代，但战国时代提

梁盉的流多作鸟形。

显然,盉上装提梁首先是为了更加实用,便于提携,这是由该时期青铜器转向日常实用的时代总特征所决定的。同时,装上提梁也是一种审美趣味的变化和求新。与传统的长流柄盉相比,提梁盉更显出一种整体上的完美,拱形提梁遮盖、淡化了原来盉盖繁杂的形体变化,给人以更加流畅的视觉感受。

禁　禁是用于承酒樽的器座。商周时代的铜禁一般为比较简单的方形或长方形座,无足。然而下寺楚墓出土的春秋中期器"云纹禁"(图 4–11),无论在设计构思、装饰处理还是在铸造技术方面都达到了前所未有的水平,其宏伟的气势和繁缛精巧的装饰令人惊叹。该禁禁面的中间为素面矩形,四周及四侧均为多层透雕云纹,细密繁复,相互穿插,构成丰富而有序的装饰背景;禁体四侧攀附着十二只通体饰有浮雕云纹的立雕伏兽,在密集而均匀的背景下形成多层空间相互映衬的华丽效果;体下还有十个似虎形的立雕兽足,造型奇异,口吐长舌,头顶冠饰,作昂首挺立状,与禁侧攀附兽作交替排列,侧面观去,形成大小相间、错落有序的节律感。这件青铜禁的装饰风格反映了楚文化的浪漫主义情绪和充满想象力的特征。最为令人赞叹的是其铸造工艺水平的高超,那复杂的层层透雕装饰决非传统的范铸工艺所能做到的。据鉴定,此禁为失蜡法铸造器,也是目前所知我国最早的失蜡法铸造器物之一,同时也是目前所知春秋时代唯一的青铜禁。因而它对于我国青铜器铸造技术的发展以及禁的研究来说,都不失为一件弥足珍贵的范例。

鉴　青铜鉴是这一时期发展出来的新器,流行于春秋晚期和战国时代。青铜鉴由过去的陶盆发展而来。《说文》:"鉴,大盆也。"可见其是一种用以盛水的盥器。在铜镜尚未流行的时代,古人用盛水代镜映照面容。春秋晚期鉴的形制主要有双耳平底式和四耳圈足式等,前者一般口缘较窄,直颈收束,有肩,兽耳衔环;后者的特征为口缘较宽,敛口鼓腹,两对兽耳。两者均为平底。典型器有相传于河南辉县琉璃阁出土的"吴王夫差鉴"、1938 年河南辉县出土的"智君子鉴"、1965 年湖南湘乡牛形山出土的"蟠虺纹鉴"等。

盘、匜　春秋中期之后的盘、匜等盥水器的形制也有所变化,商周盘多为圈足,春秋中晚期的盘多流行三足式。1959 年江苏武进淹城还出土了一件构思奇特的"三轮盘",将一无耳圆盘置于一三轮承架上,如同现代的三轮车,前轮有两兽首柱相夹,可推动,可谓一种有趣的创造。春秋中晚期匜多流行管状流,且多作兽首形,足的形式有四足、三足和圈足,晚期还出现平底无足式样。也偶见有异形的。

图 4–11　青铜云纹禁　春秋中期

②纹饰

春秋中晚期青铜器纹饰的种类逐渐增多,变化形式也更加丰富

多样，组织结构趋向繁缛复杂，装饰风格向着精丽细密和豪华自由的方面发展，预示着一场精神大解放的变革即将到来。

春秋中期的纹饰主要表现为由早期粗陋简单向晚期精巧繁缛转化的过渡性特征。流行于春秋早期的变体动物纹、蟠螭纹、蟠虺纹和波曲纹等在中期仍继续行用，但在风格上趋向规矩和严谨，构成上趋向复杂化。尤其是各种变化龙蛇纹的构成多作重叠或交体结构，如“莲鹤方壶”自颈至腹满饰交体龙纹，采用左右对称的结构，使纹样繁而不乱，表现出一种对秩序和节奏感的追求。

另外，春秋中期开始，被前代转向抽象化的各种龙和兽纹形象也逐渐地重新转向视觉可辨的图形；发展到春秋晚期，各种交缠龙蛇纹占有主要地位，工艺技术也日趋娴熟，印模铸造法的广泛运用为各种连续结构的纹饰提供了技术条件，因而四方连续和二方连续的纹饰被普遍运用。红铜镶嵌技术和线刻技术也是这一时期开始流行的新手法，从而大大丰富了青铜器装饰的视觉效果。红铜镶嵌纹饰金光湛湛，线刻纹饰布局自由生动，新的装饰技巧为新主题的表现提供了可能性，各种龙、凤、鸟兽以及表现狩猎、宴飨等情节性主题的纹饰形成特色。总之，春秋中晚期的青铜器纹饰已经基本摆脱了商周以来青铜器纹饰所担负的说明性和象征性的功能，而更多是为了纯粹的装饰这一审美目的，因而自然生动的形象，繁缛复杂的结构及流畅华丽的效果令人目不暇接。归纳起来，这一时期最具特色的纹饰大致有如下几类：

兽面纹　盛行于商周时代的兽面纹到春秋早期已基本消失，然而在春秋中晚期至战国早期的部分铜器上又重新出现了兽面纹装饰。但是在组合方式和形象处理上已全然没有了商周兽面纹的那种狰狞和森然可怖之感，而更多地体现出组合形式上的趣味性和装饰性。兽面的眉、额、面颊和口等部位大多以卷曲缠绕的螭龙和蟠虺相互穿插组成，所以这种从整体观是兽面，从局部看是龙蛇缠绕的纹样形式又被称为“龙蛇集群型兽面纹”，如著名的“鸟兽龙纹壶”、“牺尊”、“郘钟”等器上均饰有这类纹样。“鸟兽龙纹壶”自颈至腹共饰以四层这种龙蛇集群型兽面纹，层与层之间饰以犀、角、虎豹等小动物，下腹还有一圈形象写实的雁群，制作精良，装饰华丽；“牺尊”的颈、头及腿上部等均饰以这类兽面纹；“郘钟”的鼓部也装饰着龙蛇组合的兽面纹。类似的纹样在其他编钟上也有所见。这类兽面纹的形式是当时时代风尚的体现，匠师们的设计已不再像原先般渲染兽面那令人压抑的威慑感，而是通过虬曲回旋的龙蛇组合，使其成为充满生机和韵律感的装饰区域，增强了美感，令人赏心悦目。

龙纹　龙纹是这一时期最主要的纹饰题材之一，在形式上远比上期的龙纹繁多丰富、优美华丽，最常见的是卷龙纹和交体龙纹。卷龙纹

有单体和复合体两种，多作“S”形或“C”形结构的反顾形式，或左右连续而成饰带，或作左右对称的单独图案，如“子璋钟”、“者沪钟”等器上均饰有左右对称的卷龙纹。交体龙纹的结构变化较多，有以一组交体龙纹作二方或四方连续排列的，也有整面作延绵交缠不断形式的；有作左右对称的，也有缠绕而成兽面形的等等。总之，以龙纹为母题的纹饰给人以复杂多样、变幻莫测的感觉，龙体多采用自然圆润的弧线形式，往往依形就势，显得轻松自然。如“智君子鉴”等器上即采用交龙形式的纹饰，卷曲多变的形体连成一气，宛如被注入了生命一样蕴含着巨大的活力。

本期龙纹还有作两头形式的，更有一些变体龙纹粗粗看去已经难辨其原形的，但龙之神韵犹在。如上海博物馆藏的一件“火龙纹钟”的鼓部和舞部都有这样的变体龙纹，左右对称，中间下方为圆形火纹，龙体作涡卷翻转之状，似翻腾的波浪，几乎难辨龙形了。

蟠螭纹、蟠虺纹和窃曲纹在此时仍然十分流行，然而组合结构更加复杂，大多变形缩小成极为细巧的造型相互交缠，排列成繁杂的四方连续，有的图形被缩小到只有用细线双勾来表示，这是对春秋早期蟠螭纹和蟠虺纹缩微倾向的发展。如“蟠虺纹尊”的鼓腹部及其上下均饰以细致精工的蟠虺纹，铸造技术之高超令人称绝。

鸟纹　本期的鸟纹并不很多，但其明显趋于写实的风格倒成为一种特色，即便是一些作为主体的鸟形装饰（如一些器盖上的立鸟等）也同样如此。“鸟兽龙纹壶”腹下的一条雁群饰带即采用了写实的造型手法，对颈、首和足部等的刻画都可谓是细致入微的。尽管这只是先秦时代以雁为题材图案的孤例，但是其写实的形象和微妙的姿态所反映出来的审美趣味，也多少体现了北方地区在纹饰上追求写实的具体现实。然而在江苏丹徒县出土的一件錞于上所饰的立鸟纹则完全不同于北方风格，形体修长，造型简洁得几乎符号化，羽尾仅用三根细线表示，显得轻盈灵巧。

羽翅纹　因其形如羽翅，故名。这种纹饰有点类似标点符号中的逗号，一般为很小的微型，其粗端作盘旋的涡纹，细端作尖篦状，多采用重叠的形式，排列密集而富有变化，构成装饰平面。这种纹样盛行于春秋晚期到战国时期。在春秋晚期的铜钟、铜壶和铜鉴等器上均能见到此类纹饰。

虎、鹿纹等　本期的虎纹和鹿纹等动物纹虽然数量不多，但在造型上多采用流畅生动的弧线，多作拱身曲肢的奔跑状，像商代青铜钺上的虎食人头纹、“司母戊鼎”耳部的两虎食人首纹等凶险可怖的虎纹已不复出现，相反还有几分可爱之气。

其他动物如鱼、龟和蛙等纹饰虽不是本期纹饰的主流，但仍然沿用。

图 4-12 蚕桑纹尊 春秋晚期

值得一提的是 1963 年湖南衡山霞流市出土的一件“蚕桑纹尊”(图4-12),在口沿上饰以翘首蚕纹,半如立雕,在腹部饰以浮雕蚕纹为地的桑叶纹,作左右对称结构;蚕纹的盘曲伸展穿插自然,仿佛正在蠕动爬游一般。这类蚕桑主题的纹饰在先秦青铜器上极为罕见,所以尤其显得珍贵。它表明当时人们的审美意识已经开始关注现实的生活内容,表现出世俗的情怀;同时也从一个侧面说明当时的养蚕丝织业已经相当发达,这在同期丝织工艺品的发现中可以得到印证。

画像纹 以现实生活为装饰内容的另一个突出体现就是情节性画像纹饰的出现。这类纹饰初见于春秋晚期,主要以线刻的手法表现当时贵族社会生活的场面和狩猎、作战的情形。在江苏六合程桥二号墓出土的五片青铜器残片上,有残存的树木、野兽、对饮人物及奉器侍者等画像,可以看出是一幅贵族燕飨和狩猎的残图,图像为点状虚线,似刻画时着力不匀而造成的效果。1985 年江苏丹徒县谏壁镇王家山也出土了线刻纹的铜匜、铜鉴和铜盘等器的残片,其上的纹饰也都是线刻宴乐射猎等情节性主题,与程桥出土残片上的纹样类型基本相同。尽管春秋晚期线刻画像纹样的风格比较简朴,技巧也比较简单,但它却是一种全新的创造,摆脱了传统纹样结构的既定模式。它的出现不仅为战国时代这一主题纹饰的大发展开了先河,丰富了装饰纹样的内容和形式,而且,这种以造型艺术的手段来表现现实生活场面的方法也为中国欣赏性绘画艺术的形成和独立作出了重要贡献。

几何纹 本期的几何纹除了作为一些连续纹的结构框架外,也有少量作为装饰主体出现的,但一般比较简单,如“吴王夫差矛”、“越王勾践剑”等,均通体饰以菱格暗纹。此时曾一度消失的云雷纹又开始兴起,多用于各种兽面或龙纹的躯体上,大多根据被装饰区域的形状位置进行变化设计。卷云纹往往伴以三角纹进行转折过渡,雷纹则多伴以涡卷纹来转折。盛行于商周时代的钩连雷纹仍然沿用。

其他还有贝纹、绹纹、绳络纹等,都是兴起于这一时期的纹饰内容。贝纹是指一种贝状的扁圆形纹样,作串联状排列,多作为附饰饰于器物的非主体位置,如“鸟兽龙纹壶”的圈足上就饰有这类贝纹。绹纹是指纹样如同绞结形状的绳索,常见的绹纹由两条、三条、四条乃至九条单线绞结而成,多作为次要纹饰出现。绳络纹是指以两根并列的绳索交织而成套结,连成网格状,仿佛器表包扎的绳络,常用于装饰酒器和水器的表面。

(三)战国时代青铜器的形制与纹饰

艺术风格的演变并不像历史年代的分期那样界限分明,任何时代的艺术风格都有一个延续与发展变化的过程。春秋与战国两个时代分界的确定,主要是根据各大国之间的兼并战争与对峙的政治形势,而在经济和文化方面则存在着一个自然延续的过渡时期。

战国早中期的青铜器实物表明,这一时期将正在走向第二高峰期的春秋晚期青铜艺术推到了极盛,到战国晚期则表现为由盛而衰的总体趋向。战国时代青铜器艺术形式多样,尤其是随着实物功能的不断开发,涌现出许多前所未见的新款器种;在铸造工艺和装饰工艺方面也获得了进一步的发展,失蜡工艺、印模工艺和镶嵌工艺等技术手段的日益精熟,为创造精工细作和纹饰华美、流光溢彩的青铜器提供了先决条件;同时,由于不同地区审美标准的不同,不同器物的用途功能不同等复杂因素,从而导致了这一时代青铜艺术风格的多样化。

①形制

鼎　战国时代鼎的形制变化较多,尤其是南北方殊异的风格特色十分明显。北方风格可以河北平山中山王墓出土的“中山王鼎”为代表;南方则可以安徽寿县出土的“楚王酓鼎”和“铸客大鼎”为典型。

中山王墓出土列鼎九件,最大者通高 51 厘米,呈扁圆球形,有盖,附耳低短,盖上有三环钮,可却置,铁质蹄足粗大低矮,整件器物显得厚重雄壮。九鼎均素面无纹,唯最大者盖钮至腹刻有长篇铭文,计 469 字,记载了中山王乘燕内乱而伐燕的历史。“中山王鼎”的形制是战国时代三晋地区所流行的式样(图 4–13)。

而南方楚文化圈的战国鼎则与北方风格迥异,尤其突出地表现为高足这一特征上。河南信阳出土的战国中期鼎即为附耳扁圆体的高足鼎,在江陵藤店一号墓也见有同样形式的鼎,直至战国晚期楚王酓墓出土的“楚王酓鼎”和王后六室鼎等,鼎足的造型越来越高峻挺拔,显出雄壮豪迈的精神气质。“楚王酓鼎”通高 55 厘米,其造型为平盖圆缘,盖上有三个“L”形钮,可却置,正中二兽首衔环;器壁直,底稍圆,足粗而高大附于器壁;盖及口耳均饰以斜方花纹,足饰饕餮纹。与此鼎形制相类似却较之巨大

图 4–13　中山王鼎　战国时期

者要数寿县李三孤堆楚墓出土的“铸客大鼎”(图 4-14)。它高 113 厘米,重达 4000 公斤,是迄今发现的两周时期最大最重的铜鼎,可与商代“司母戊大方鼎”相比肩。其三只厚实威武的高足傲然屹立,整件器物显出威猛凌厉的气势。耐人寻味的是如此大型的器物恰恰是铸于楚王朝摇摇欲坠的末世,这种统治者权力的象征物与现实所形成的如此鲜明的对比,恰好暴露了统治者因恐慌而做出的虚张声势。尽管如此,其精良的铸造工艺和完美的艺术创造却反映出工匠们卓越而高超的技术水平,故而仍不失为先秦青铜器的代表作品之一。

战国时期鼎的附件也有一些变化形式,有的鼎耳作鸟形(如上海博物馆藏“鸟耳鼎”),有的盖顶作三鸟首钮(如上海博物馆藏“镶嵌蟠兽纹鼎”),还有器体作椭圆形的四足鼎等。此外,战国鼎的鼎足也有粗细高矮多种变化形式,表现出战国时期开放性的时代特征。

鬲　战国早期青铜鬲多为宽缘向外平折,平裆浅腹,扁高足。这种鬲战国中期已不多见,形制也变为宽缘浅腹平裆,而足的兽蹄却特别粗大,当是青铜鬲的最后蜕化式样。到战国晚期,鬲则基本退出了青铜器体系。

图 4-14　铸客大鼎　战国时期

敦　战国时代是敦的盛行期, 所以形式较多, 装饰也多精美华丽。其形制大致有如下四种:第一种类型是扁圆体三足式,是春秋晚期形制的沿用,如河南辉县出土的“弦纹敦”即属此类。其形体略似圜底鼎, 两耳三足,盖器不完全对称,盖上有三环钮。第二种类型为圈足式,即腹仍为扁圆或圆形,但下为圈足,有上下不对称和上下对称两种,前者如浑源出土的“绞龙纹敦”,后者如河南陕县后川出土的“索纹敦”等。第三种类型是三足鼓腹上下对称式,即盖与器相同,下有三蹄足,上有三蹄足柱,鼓腹圜底,似二鼎扣合。山西长治出土的“素面敦”即为此型。第四种类型为卵体式,即敦体呈卵圆形,也有上下对称和不对称两种。如上海博物馆藏“三角云纹敦”,敦体呈球形,盖器对称,通体饰以镶嵌三角云纹。

壶　战国早中期壶的造型也极富变化,晚期则趋于简朴。除了传统圆体壶、方体壶、扁体壶

和瓠壶的造型有不同的变化外，还有个别壶的设计是别具匠心的，如1970年山东诸城藏家庄出土的“鹰首壶”（图4-15）就是一例。其壶盖与器口作鹰首形，鹰喙可向上揭开，盖上有环套于提梁上，壶体饰以瓦纹，腰际有一道凸弦纹。该壶的创意独特，造型简洁而富有情趣，具有很高的艺术性。

另外值得提到的是曾侯乙墓出土的“联襟大壶”。它是战国早期楚式壶的重要代表作品，高99厘米，口径33厘米，重达258公斤，是先秦铜器中罕见的重器。两壶并置于一铜禁上，壶的形式属于圆体壶类型。其造型与春秋晚期的下寺方壶一脉相承，但壶的盖沿和龙形耳等都有很大变化，圈足下也无承托伏兽。壶为长颈，在隆起的壶盖外沿加饰了一件有“T”形勾连纹的镂孔盖罩，圆鼓腹上有十字形凸；在颈部的蕉叶外形内以及器身十字框架内均饰以浮雕蟠螭纹，纹样极为细密繁缛，与凸起的宽带装饰形成鲜明对比；颈两侧的龙形耳为镂空装饰，造型比较简洁。

图4-15 鹰首壶 战国时期

图 4-16　镂空蟠螭纹尊盘　战国时期

图 4-17　十五连盏铜灯　战国时期

尊　尊是传统器种，而到了战国时期已趋稀少，但值得一提的是出土于湖北随州擂鼓墩曾侯乙墓的“镂空蟠螭纹尊盘”(图 4-16)。该器由一尊一盘组成,出土时尊置于盘中。其体积虽然不大,但通体所饰的立体透空装饰却错综复杂、繁密纤细，令人难以置信。尊口为镂空的蟠螭纹,颈、腹和圈足上均饰以细密的蟠虺纹；颈周围有四个立雕伏兽，作吐舌反顾之状，兽体上也满饰镂空蟠虺纹；腹部和圈足上还附加有立体蟠龙装饰一周。盘为浅腹直壁,折沿装饰与尊口相同，另有四处突起的镂空蟠虺纹装饰可用作把手,其下各有两个扁形立雕夔龙,腹外附饰四个立体蟠龙，与尊相统一,盘下有四龙形蹄足。尊盘上的镂雕纹饰已繁缛到了无以复加的地步。这是先秦时代又一件采用失蜡工艺铸造的青铜器实物,而且纹饰更加华丽，制作更加精致，是下寺铜禁风格的进一步发展，将先秦青铜器铸造工艺发挥到了极致。

除了传统器种之外，战国时代发展出来的新器种以及作为附件或装饰品的青铜器更加富有特色，从艺术的角度看也更具观赏价值。此举几例：

青铜灯是战国时代发展起来的照明用具,过去多以陶瓷为之。战国青铜灯不仅实用，而且具有较高的艺术价值，中山王墓出土的 “十五连盏铜灯”(图 4-17)便是一例。该灯高近 30 厘米,整体

形状如树，主杆直立，分作八节，由卯榫相连接，枝杆侧生向上，15 个分枝各承托一盏灯盘。设计精巧合理且极富生活的情趣。主杆上端有一螭龙盘绕，枝间有栖鸟啼鸣、群猴相戏，姿态生动各异，座下还有二童子向树上的猿猴抛掷食物，俨然是一幕现实生活情景的再现，真可谓是一种实用与审美的完美结合。灯座为圆形，并饰以镂空蟠螭纹，下有三虎足相承。除树形灯外，中山王墓又出土有人形灯、篡形灯等。在江陵望山和荆门包山楚墓中还分别出土了“骑驼人形灯”和“人擎华盖灯”等，可见当时青铜灯的形式之多样。虽然它们在艺术水平上都不能与树形灯相媲美，但灯具造型设计中所洋溢着的浓厚生活气息和对世俗生活的热情关注，却是战国时代青铜灯具艺术所共有的特点。

“鹿角立鹤”(图 4-18)1978 年于湖北随州擂鼓墩出土，是一件颇具神秘感的青铜艺术作品。目前其具体功用尚不清楚，但就其座面四边置有穿系用环来看，可能是某器物的附件，当然这并不影响其独立的艺术价值。这件作品高 142 厘米，设计者采用极其简洁的造型语言将观者带入一个神秘而富有幻想的境界之中：一尊类似鹤状的灵鸟挺胸伫立，昂首扬喙作振翅欲飞之态；细长的鹤颈显然是作者有意的夸张，更加上一双鹿角自头侧环抱而上，仿佛即刻就会腾空而起，直冲云霄。在这件作品上，我们可以清楚地领略到先秦艺术家是如何把现实与理想、形式与视觉心理之间的关系处理得恰到好处的。这真是一件天才的作品。

图 4-18　鹿角立鹤　战国早期

图 4-19　错银双翼神兽　战国时期

“错银双翼神兽”1977年于河北平山三汲出土(图4-19)。它又是一件杰出的青铜雕塑作品。这件作品在造型上运用了飞扬流动且富有韵律的弧线,饱满有力的反向弧线,可谓开汉代风格之先河，曲面与曲面之间的变化衔接自然流畅，充满灵动的形体塑造将翼兽的神情生动地传达了出来。这也是一具富有神话色彩的动物形象，一对奋起的翼翅给这件虎形兽笼罩上了一层扑朔迷离的浪漫色彩。它通身饰有错银卷云纹饰，卷云的走势已明显地显现出依形流动的倾向，平面纹饰与立体造型珠联璧合。这种有翼神兽与汉代以降所出现的各种神兽（如辟邪等)当有着某种渊源关系。

②纹饰

战国时期青铜器上的纹饰也具有鲜明的时代特色，将春秋晚期崇尚精细工丽的纹饰风格更加向前推进,精巧繁缛之风弥盛。除了沿用传统的交体龙纹、蟠螭纹、蟠虺纹、夔纹等之外,各种变体的动物纹、结构多样的几何纹以及各种题材的画像纹成为这一时期青铜器纹饰的特色。即使是传统的题材,在结构的处理上也有较多变化,追求庄丽工巧、雍容华贵的艺术风格成为这一时代的风尚。特别是各种镶嵌工艺手法的娴熟运用,使纹饰的色彩更加华丽,光色辉映,犹如锦缎一般。尽管过于繁缛奢华的装饰不免会走向装饰艺术初衷的反面,但此时出现这样的现象却恰恰表明传统的礼教制度已经彻底崩溃,纹饰的审美功能被推到了首位,从而使艺术的本质得以体现。就如那个特殊时代的思想一样,装饰艺术也从过去沉重的精神包袱下解放出来,走向了自觉。同时,这种装饰风尚也体现了战国时代青铜铸造工艺技术水平之卓著。

蟠螭纹、蟠虺纹、交体龙纹、夔龙纹等流行于春秋时期的纹饰在战国时仍然沿用,只是结构更加复杂,制作更加精细,并逐渐被抽象化、几何化,乃至难以辨认其本来面目了。这一时期兽面纹多已蜕化,往往以交缠的变体蟠螭纹组合而成,兽目极小,只是在大形上仍可看出兽面纹的痕迹,是上期“龙蛇集群兽面纹”的延续和发展。战国时代的蟠螭兽面纹一般兽面居中且较小,其上两螭相背蟠曲向两旁伸展。这类纹饰有时也作为主纹出现,但由于强调了带状纹样的整体匀称,因而兽面并不显得突出。如辉县琉璃阁出土的“蟠螭纹鉴”的下腹部就饰有这类带状兽面蟠螭纹,其间还穿插着鸟喙兽纹,纹样以兽面为中心向两边展开而构成单位纹,作二方连续环饰鉴下腹一周。

在动物纹中，虎纹十分盛行，多作仰首拱体扑食之态，尤其在四川地区出土的青铜戈上，以虎纹相饰更是习见为常，一般多饰于戈的胡部，巨首细尾，张口睁目；有的还在虎体上填以云雷纹。在中原及楚地均不见有这种造型的虎纹，当是巴蜀地区特有的地域风格。

鸟纹自春秋中晚期以来逐渐向着轻巧舒展的造型发展。春秋时代作为纹饰的鸟纹并不太多，但是造型观念的变化在许多立雕鸟饰上已经体现出来，如“莲鹤方壶”。至战国时代，平面的鸟纹装饰明显增加，而且多为造型轻灵活泼的立鸟形式，常作飞翔形站立状，形态生动。在商周时期铜器上的鸟纹都为静止状态，未见有飞翔状的立鸟纹。战国时的立鸟纹多使用“S”形曲线，显得活泼流畅。本时期还盛行一种变体鸟纹，其状如鸟，作一正一反排列，而首尾的特征清晰可辨，中间填饰以其他纹饰。鸟纹等是比较流行的动物题材，造型也更加生动。

几何纹是战国时期青铜器纹饰的一大特色，曾一度消失的云雷纹此时再度兴起，几何纹的结构也产生了多种变化。当时所盛行的几种几何纹主要有：勾连云雷纹，即是由一种近似“T”形的结构相互勾连而组成的几何纹，并填以云雷纹的底纹；三角云纹，即是以三角形为骨式，上下颠倒排列构成二方连续纹样，中间填饰以变体云纹等，多见于金银错饰器，如战国中晚期的“三角云纹敦”(图 4-20)；其他还有斜方格纹、菱格纹等。

图 4-20 三角云纹敦 战国中晚期

图 4-21 云纹铜犀尊
战国时期

图 4-22 错金银戈戈柱上的云龙纹 战国时期

值得一提的是云纹。云纹本来的形式主要是指圆形涡卷纹，是相对于呈方形回旋结构的雷纹而言的。然而在战国时代，一方面作为底纹的云纹还保留着原来的圆形涡卷形式，而另一方面又由云纹变化出前所未见的新形式，并用作器物的主体纹饰。这种变化了的云纹不再像过去那样拘谨规范和仅作陪衬，而是自由轻松地舒展开团缩的身躯，犹如行云流水一般，故而又称为“流云纹”。这种新形式开创了先秦纹饰的新天地，对于以后的纹样发展具有十分重要的意义。战国时代的流云纹结构主要有两类，一类为自由伸展，有极强的流动感；另一类则呈对称式结构。前者如 1963 年陕西兴平出土的“云纹铜犀尊”(图4-21)，造型逼真，全身饰以错金银云纹，精美华丽，可谓先秦青铜艺术之佳作；再如“错金银戈戈柱”上的云龙纹(图 4-22)，云气走向自由流畅，依形就势，无拘无束，但却紊而不乱，井然有序，再在云气间缀以龙凤鸟兽和羽仙人物等内容，创造出一种非人间的幻想空间，充满想象力。后者如重庆涪陵小田溪出土的“错银云纹壶”(图 4-23)，壶体自颈至腹中部均饰以盘曲的云气纹，纹样结构对称，翻转流畅，富丽精美，结构严谨却不滞板，给人以生机勃勃的视觉感受。

关于流云纹，在这里有必要多说几句。自战国时代发展出来的这种幻化无穷的具有普遍适应性的流云纹，不仅是丰富多彩的古代纹饰中的一个新生品种，对未来中国装饰艺术的发展具有深远的影响。其中闻名世界的“卷草纹”（又称“唐草纹”）的形式就与这种流云纹有着内在联系。更为重要的是，在这种流云纹的背后蕴含着某种可以称之为“传统”的审美精神，那就是变化、流动、贯气。

图 4-23　错银云纹壶上的云纹　战国时期

战国时代青铜器纹饰中最具特色的要数画像纹了。春秋晚期出现的比较简朴粗糙的画像纹，到了战国时代获得了极大的发展，无论是用镶嵌手法还是线刻手法装饰的画像纹，都表现出成熟的工艺技巧和精美严谨的造型水平。画像纹多直接取材于现实的社会生活，反映上层贵族阶级奢靡的生活状况，同时也有许多反映攻城、车战、徒兵搏斗等历史性内容的。总体来说，战国时代画像纹的内容主要有攻战画像纹、采桑画像纹、弋射画像纹、会射画像纹、宴饮歌舞画像纹、车马狩猎画像纹以及狩猎画像纹等。在纹饰的设计上，有的器物上的画像纹只表现一个主题；而有的器物上往往将多种题材组合在一起，通过合理的区域划分，使不同内容的纹饰构成器物装饰的一个个组成部分，有的很像现代的连环画，内容与内容之间往往有着内在的联系。如著名的“宴乐渔猎攻战纹壶”上的画像纹（图 4-24），以金银错的装饰手法，将铜壶分划为三条横带区域，分别表现了采桑、宴饮、狩猎和攻战等内容。每一条横带上都分成两组内容：在第一条横带上分别表现了采桑和习射、狩猎的内容；第二条横带上分别表现了射雁和宴饮乐舞；第三条横带上则分别以水战和攻防战为主题。人物等形象均用影绘手法表现，人物的神情只能通过其动态外形的变化来传达，因此显得尤为生动，而且极富装饰性。

图 4-24　宴乐渔猎攻战纹壶上的画像纹　战国时期

河南汲县出土的“水攻陆战纹鉴”上的画像纹则主要描写战争内容，并穿插有少量其他内容。鉴的外壁满饰画像，有格斗、荡舟、击鼓、送别等情景描绘，计 300 多人，可谓场面恢弘、气氛热烈，生动形象地展示了当时那种惊心动魄的水攻陆战场面。

五　秦汉时代的青铜器艺术

从中国古代青铜工艺发展的总体趋势来看，秦汉时期是一个走向衰落的时期，中国青铜器艺术的辉煌时代已经成为过去。与战国时代相比，秦汉时期的青铜器无论是在数量上还是品类上都大大地减少了。造成这种现象的因素应该是多方面的，其中比较重要的原因之一就是其他工艺门类的发展。如釉陶和漆器等工艺的发展，以其制作简便、质轻且表面光洁等特有的优势，逐渐地替代了部分青铜器品类；还有如冶铁业的发展使铁工具逐渐取代了青铜工具等。

尽管如此，在秦汉时期的工艺美术中，青铜器仍然占有比较重要的位置。特别是作为社会生活中实用器的那部分青铜器依然很普及，就已发现的器物来看，其中也不乏设计合理、造型美观且制作精良的作品。

自公元前 221 年秦始皇统一中国、建立中央集权制的封建帝国之后，本来比较明显的地区特征逐渐消失了，青铜器的形式与规格日趋一致。总的来说，秦代青铜器的造型倾向于简洁敦厚，纹饰较少，如 1966 年陕西咸阳塔儿坡出土的“修武府温酒炉”。该器由四足耳杯与有四小蹄足的古盘形炉构成，通身素面，显得朴实沉稳。再如 1960 年陕西临潼出土的“丽山园缶”(图 5-1)以及上海博物馆收藏的“两诏椭量”(图 5-2)等器，均为素面无纹的实用器。

图 5-1　丽山园缶　秦

两汉时期（西汉，公元前206至公元8年；东汉，公元25年至公元220年）的统治者推行了一系列措施来恢复和发展经济。正是在这样的时代背景下，日常生活用器得到了进一步发展。朴素实用成为当时包括青铜器在内的工艺美术品设计所追求的目标，只有少数上层贵族所用的产品才显得豪华繁杂。

汉代青铜器的品种，除了一部分传统器皿之外，还出现了一些新的品种。其中在当时流行较广而且制作较为精美的品种主要有灯、炉、奁、壶、洗和镜等。

图 5-2　两诏椭量　秦

自战国以来，青铜灯具的设计与制作获得了很大发展。到了汉代，铜灯的应用已经相当普遍，制作工艺可谓炉火纯青，因此可以说汉代是铜灯制作的鼎盛时期。汉代铜灯的形式主要有盘灯、筒灯、虹管灯、行灯和吊灯等几类。所谓盘灯是指一种有灯盘的造型设计，普通盘灯的造型为高足，上承托盘，与高足豆相似；而肖生造型的盘灯则丰富多样，不仅设计巧妙，而且别具情趣，如灯体作鸟形，嘴衔灯盘的朱雀灯，设计成羊形的羊形灯，还有设计成手托灯盘的人形灯等，洋溢着生活的意趣。筒灯为一种圆筒造型的灯，有盖，中间置有铜管，下承三足。行灯则是指可以手持行走的灯，附有长柄和三足，既可手持也可以放置。吊灯是指安有链条可以悬挂的设计。虹管灯是一种运用科学原理设计而成的形式，为了有效防止燃灯后灯烟所造成的空气污染，汉代设计师们在灯体上置以虹管（即烟道），灯座则可以盛水，使得灯烟通过虹管送入灯座而溶于水中，

图 5-3　长信宫灯　西汉时期

图5-4 错银牛灯 东汉时期

如1968年河北满城出土的西汉时期的“长信宫灯”(图5-3)就是典型一例。这件灯具设计成一宫女双手持灯造型,女子形象优美典雅,左手握执灯底,右手提灯罩,双膝跪地,凝眸前视,若有所思,俨然是一件雕塑艺术品。最为巧妙的是,设计者将其右臂设计成虹管,自然合理,不露痕迹。圆筒形灯罩被设计为两块瓦状的罩板,可以开阖,灯座可以转动,这样在使用时便能够任意地调节光照的方向,可谓匠心独运。再如1980年江苏邗江甘泉出土的东汉时期的“错银牛灯”(图5-4)也是一件富有特色的虹管灯作品:在一头附首翘尾敦实健壮的牛背上设以灯座灯体,虹管与牛首相通,使灯烟收入牛腹;灯罩上作镂空的菱格形,上有穹顶形盖;通体饰以错银云气纹,工艺精良,气势博大,是一件实用与审美完美结合的青铜作品。

图 5-5 错金博山炉 汉

铜炉是汉代颇具特色的品种，从用途上来看，主要有用以取暖的温手炉、温酒的温酒炉和烧香料用的薰炉三类。不同功用的铜炉造型设计也各不相同，其中薰炉的设计最具特色。薰炉又称"博山炉"，因其盖多雕镂成山峦群峰之状，并以缭绕的云气和飞禽走兽为饰，以象征神话传说中的海上仙山"博山"而得名。在其峰峦之间有孔，以便炉中燃香时烟气冒出，炉座为盘形，用以盛水，可使"润气蒸香"，并有四面环海之象。烟雾缥缈的博山炉的确给人以一种如入仙境的联想。1968 年河北满城陵山出土的"错金博山炉"（图 5-5），正如李尤"薰炉铭"所形容："上似蓬莱，吐气委蛇，芳烟布绕，遥冲紫微。"博山炉的底座与柄的变化相当丰富，有人物形、动物形、竹节形等，雕镂的纹饰也多种多样，云气蟠龙各显风采。

图 5-6　浮雕纹酒樽　汉

铜奁是一种筒状器，多层，有盖，下有三兽足。铜奁是仿漆奁设计的，用以盛酒或温酒，故又称“酒樽”。如 1962 年出土于山西右玉大川的西汉时期的“浮雕纹酒樽”(图 5-6)是比较典型的一件。其盖微凸，中央有钮贯环，三个凤形钮各占一方；盖面及器身均以宽带分割，其间饰以各种浮雕动物，有虎、熊、龙、凤、鹿、牛、羊、驼、狐、兔、禽鸟及神话异兽，姿态各异、形象生动；器下还有三兽形蹄足相承，是一件精心设计的优秀作品。

图 5-7　神人神兽画像镜　东汉时期

铜洗是汉代的一种盥洗用具，其形似盆，多为平底宽沿。汉代铜洗的装饰最具特色，多以凸线的形式饰于洗内底，有单鱼、双鱼、一鱼一鹭及吉祥铭文“长宜子孙”、“大吉羊”、“富贵昌宜侯王”等，风格苍劲，构思巧妙。

汉代铜壶有其自己的定式，多为鼓腹，小颈，口外侈，有圈足，在腹的两侧多有铺首衔环，特别是纹饰的设计非常精美。如河北满城出土的“错金银鸟篆文壶”上遍饰纤细流畅的鸟虫文字，其工艺之精良，纹饰创意之独特令人叫绝。汉代铜壶的装饰方法，除了鎏金、金银错外，还有松石镶嵌、镂空等。

图 5-8　仙人骑马神兽镜　东汉时期

图 5-9　方胣纹镜　西汉时期

铜镜的制作自商周以来获得了很大的发展，特别是战国时代在铜镜的设计与制作方面取得了很大的成就。汉代的铜镜是继战国之后的又一次大发展，尤其在纹饰方面创造出了许多结构严谨、形式优美的图案，比较突出的有规矩纹、夔纹、云雷纹、蝙蝠纹以及画像纹等。特别是画像纹镜，以神人车马、神人歌舞、龙虎以及西王母、东王公等神仙故事为题材，颇具神秘感。（图 5-7~9）

另外，汉代的青铜雕塑艺术也取得了很高的成就，产生了一批具有高深造诣的杰出作品，有些作品的艺术水平之高几乎是后人难以超越的。譬如 1969 年出土于甘肃武威雷台的“青铜奔马”（亦称马踏飞燕）（图 5-10）便是突出的一例：马姿矫健，四蹄翻腾，生动地表现出了骏马飞驰疾奔的一瞬间，更令人叫绝的是创作者在马的右后足下置一飞燕，这种超自然的创意充满着浪漫的情韵，并给人以更多的遐想空间：是暗喻奔马身轻如燕般的灵巧，还是要表示马的奔跑速度如飞燕一般？想来两者应该都有吧。同时，飞燕又恰好作为奔马的底盘将马腾空托起，马体的重心全都落于一足，却仍能保持平衡，表现出创作者出色的工艺水平。

图 5-10　青铜奔马　汉

六　边缘地区的青铜艺术

中国自古就是一个多民族的国家，各民族各地区的青铜工艺也都有其鲜明的特色。在历史文化发展的过程中，它们与华夏文化相互影响、相互融合，是中国古代青铜工艺不可分割的组成部分。从目前的考古发现来看，在我国北方草原、东北、西北、川藏云贵、东南沿海和台湾等地区，都出土了许多青铜工具、兵器、饰物和青铜容器等，年代大都在西周至秦汉之间。其中不乏工艺精良、艺术水平很高的作品。

譬如1955~1958年在云南晋宁地区发掘的滇族墓中，出土了大量可以作为滇文化之代表的文物。其中青铜器的品类繁多，制作精美，具有浓郁的地方特色。滇是汉王朝在云南的一个小封国，与当时中原地区的政治、经济、文化有着较为密切的联系。这从滇墓的出土文物中就能清楚地看出。有的遗物是本地民族文化与中原文化相互交融的产物，有的则纯粹是中原地区的文化遗物，有的则保持着鲜明的民族特征。

贮贝器是滇人用以贮放海贝的容器，故名。在晋宁石寨滇墓中出土有多件青铜贮贝器，出土时器中还盛放着大量的海贝。在当时，海贝是珍贵的财富，因此贮贝器的设计也就尤为精心讲究。贮贝器主要以圆筒束腰为基本形制，而器盖上的立体雕饰则极为精彩，多以现实生活内容为题材，有的场面宏大，形象生动。如有一鼓形的飞鸟四足贮贝器，盖上铸有十八个小铜人，表现奴隶们在一女性奴隶主的监视下从事着纺织等劳动。还有一件贮贝器盖上铸有41个小铜人，表现了一个

图 6–1 贮贝器 西汉时期

祭祀的场面，人群熙攘，各司其事，有的宰牛杀羊，有的击鼓奏乐，还有的驯虎和从事着织布等生产劳动。如此盛大场面的设计制作充分显示了古代滇族工匠卓越的才能。图 6–1 为西汉时期的一件艺术水平较高的贮贝器。其盖的中间立有一柱，柱上一人跨马伫立，周围有四头健壮的牛；器侧有两虎形耳。整件作品并没有表现热闹繁杂的场面，而是传递出一种比较宁静雅致的格调，铸造工艺也非常精细。另一件“八牛贮贝器”(图 6–2)上装饰着八头公牛，个个健壮。在农耕时代，牛是最为重要的劳动力和劳动工具，因此，以牛来象征财富也就在情理之中了。

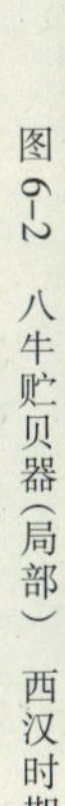

图 6–2 八牛贮贝器(局部) 西汉时期

图 6-3　牛虎铜案　战国时期

图 6-4　献俘鎏金扣饰　西汉时期

图 6–5　缚牛扣饰　汉

除晋宁石寨外，在云南的昆明、安宁、呈贡、江川等许多地方也都先后发掘出了属于滇文化的墓葬，其中也出土了不少优秀的青铜器作品。如著名的“牛虎铜案”（图 6–3）就是出土于江川李家山的墓群中。该作品的年代为战国时期，案作牛形，背部下凹作盘状，尾部为一作咬啮状的虎，恰好可供抓持，牛腹虚空，一牛横立于内，构思颇为奇妙，与中原地区青铜器的风格迥异。

在汉代滇文化中与牛相关主题的青铜器还有不少，如西汉时期的“献俘鎏金扣饰”（图 6–4）（1956~1957 年云南晋宁石寨山出土，云南省博物馆藏）。此扣饰表现的是战争中俘获妇孺牲畜的情景，最前端和后端为两个身穿铠甲的战士，前者牵着一背负孩童的女子，中间为一牛二羊，押后的战士手持戈形短械。人物和牲畜均处于运动之中，姿态各不相同，显得十分生动，具有浓厚的生活气息。扣饰通体鎏金，颇显华贵。

“缚牛扣饰”（图 6–5）1956~1957 年于云南晋宁石寨山出土，现藏于云南省博物馆内。该饰件表现了五位男子正在齐心协力将一头牛缚于柱上的情景，有的按其背，有的执其尾，最前端的人正在将绳索系于柱上，尾端的人手捧绳索，整个场面显得非常热闹生动而富有生活气息。

图6-6 虎噬马纹饰牌 战国中晚期

图6-7 铜鹿 战国中晚期

西南地区的铜鼓也是非常有特色的艺术品。鼓上有各种华丽的装饰，装饰的主题主要有太阳纹、船、羽人及鸟、牛等，多以线的有序排列获得装饰的效果，风格颇为独特。

中国古代边缘地区有特色的青铜器还有很多。特别是在我国北方草原地区，包括内蒙古自治区的河套地区、宁夏、陕北和晋北等地发现的各种动物主题的青铜饰牌和圆雕动物丧葬明器，具有很高的艺术价值和文化研究价值。这些青铜器的时代，上起春秋晚期，下迄秦汉，历时长久，风格独特，学术界一般将其归入古代匈奴族文化的系统之中。它为中华文化的整体研究提供了重要而宝贵的实物材料。在内蒙古西部河套以南的鄂尔多斯一带也曾发现大量古代匈奴族青铜

图6-8　羚羊饰件　战国中晚期

器，其中镂空的狩猎题材铜板或饰有兽头的小刀等器物具有鲜明的风格特色，被称为“鄂尔多斯铜器”。如1967年内蒙古凉城崞县夭子出土的战国中晚期器物“虎噬马纹饰牌”(图6-6)，表现了一虎咬住一马颈部的情景。从马的形态可以看出，此时的马已经无力回天，成为猛虎的口中之物了。牌饰四角上有四孔，用于系佩。这种牌饰在当时流行于北方草原地区，为游牧民族腰带上的装饰。

再如1962年内蒙古准格尔旗速械沟征集到的战国中晚期器物“铜鹿”(图6-7)，表现了一伫立一蹲卧的两头鹿，立者无角，作前视警觉状；卧者长角，昂首作侧听之态，造型均较写实生动。这类动物形青铜雕塑曾为北方草原民族常见的丧葬用品。

1974年内蒙古准格尔旗隆太征集到的一件战国中晚期的“羚羊饰件”(图6-8)也可视做一件青铜圆雕艺术品。作品表现了一静立远视的羚羊，四足聚中立于一长方形銎(用于插柄的孔)上，双角上挑，体态丰满。该器应用作车上杆头的装饰。

图 6–9　鎏金双驼饰牌　西汉时期

图 6–10　双兽纹饰牌　西汉时期

“鎏金双驼饰牌”(图 6–9)为西汉时遗物,1956 年于辽宁西丰西岔沟出土。在索纹矩形框内两只骆驼呈对称形式相向而对,中间为一大树,弯曲盘绕至矩形框上内侧之后分别向两侧展开,骆驼口中各衔着一枝树枝。该饰牌虽然采用的是对称手法,但中间扭曲变化的树的衬托使得其愈加生动,留空的布局也非常的匀称,骆驼形态显得憨态可掬。

西汉时代的另一件“双兽纹饰牌”(图 6–10),1957 年征集。它也是在矩形框内表现了作对称形式的两兽,与上述饰牌不同的是,此兽相背,尾部作兽头形并且相互交缠。至于其中是否有什么特别的含义还有待研究。1983 年于广东广州象岗南越王墓出土灯具做成龙的造型,表现了一引颈张口之龙正伫立于一器座上,头顶间插有烛台(图 6–11)。这种动物形灯已经发现较多,这仅为其中之一。另一件同为西汉时期的“朱雀屏风铜顶

图 6-11　蟠龙托座　西汉时期

图 6-12　朱雀屏风铜顶饰　西汉时期

饰”(图 6-12)表现的是一立鸟展翅引颈,作欲飞之状;头顶部置一烛插,好似鸟冠一般。其整体形态简洁、丰满,线条流畅,颇具神韵。

人操蛇屏风铜托座　西汉时期

七　铜镜艺术

在青铜器的分类中，铜镜属于杂器类，是古代生活中的必备日用品。从实用的角度看，铜镜是用于梳妆照面的用具；从铸造技术和背面丰富多样的装饰来看，铜镜又是精美的艺术品，很多铜镜都具有很高的审美价值；另外，铜镜的造型和纹饰内容也为后人研究历史留下了宝贵的图像资料。其中蕴涵着丰富的有关政治、经济、思想文化、社会生活以及时代风尚等诸多方面的信息，是我们研究和了解当时社会的可靠史料。

铜镜，顾名思义，就是以铜为材料制成的镜子，用以照容。但是，中国的古人最早用来照面的是水。想必在陶制容器发明之前，我们的祖先只能在河或池塘边看到自己的映象。后来，人们用一专门的容器盛水后再用其来照面，这种盛水容器叫做“鉴”。甲骨文中“鉴”字的字形就是一个蹲坐的人侧对着一个盆子照面的样子。所以，鉴是铜镜发明之前的镜子，所谓“鉴谓之镜”。后来，鉴和镜字也常常被用来比喻明察之意，如“明镜所以察形，往古都所以知今。”(《孔子家语·观周》)“至人之用心若镜，不将不迎，应而不藏，故能胜物而不伤。”(《庄子·应帝王篇》)“圣人之心，静乎天地之鉴也，万物之镜也。”(《庄子·天道篇》)“今修饰而窥镜兮”(《楚辞·九辩》)等等。

中国最早使用铜镜究竟在什么时候，现在还无法考证。不过，从目前已掌握的考古实物可以肯定，早在公元前20世纪前后的夏代就已经使用铜镜了。在上世纪的70年代，考古工作者分别在甘肃和青海的齐家文化墓葬中发现了铜镜，这也是迄今为止我国所发现的最早的铜镜。此后的殷商墓中也有铜镜出土，西周时代和春秋时代均有铜镜出土，战国时代和汉代的铜镜更是已有大批的出土。其铸造工艺非常精良，造型形式与装饰风格内容也变化多样。唐代将铜镜艺术发展到了高峰阶段。宋元之后，铜镜工艺逐渐衰落。

图 7-1　四兽镜　战国中晚期

综观历代铜镜的形制，主要有圆形、方形、菱花形、葵花形和带柄形等多种。一面铜镜一般分为镜面、背面、钮、钮座、内区、中区、外区、边缘等几个部分。镜面即镜的正面，光亮用以照鉴；背面多铸纹饰和铭文；钮为镜背的中央部分，一般有孔可以系带，其形有弓形、圆形、乳状和兽形等，弓形钮上有的饰有弦纹；钮座为钮的周围部分，有的钮座设计成花瓣形或饰以连珠纹等；内区是指背部靠近钮的部分，其外即为中区和外区，一般主要纹饰在内区；镜背最外的部分即边缘，也有素缘和纹饰的不同。

各时代铜镜的主要特征如下：

现发现的齐家文化铜镜有素面无纹饰和七角星纹两种，七角星纹装饰比较简单和粗糙，属于早期铜镜的特征。

已发现的殷商时期铜镜不多，但镜背均有纹饰，纹饰均为线形，有类似叶茎的叶脉纹、凸弦纹和平行线纹等几种。

西周时期的铜镜（已发现约 16 面）均为圆形，镜背有素面、重环纹和鸟兽纹几种。其中“鸟兽纹镜”较有特色，在其背部装饰着对称的虎纹一对，上方有鹿纹，下方有展开双翅的鸟纹。其装饰以线条勾出，显得比较简洁和古朴。

在江淮流域的湖南、安徽等地出土了大批东周特别是战国时期的青铜镜，显现出成熟性和系统性。根据镜背装饰形式可将它们分为素面镜、纯地纹镜（有羽状地纹和云雷地纹）、花叶镜、山字镜（有三山镜、四山镜、五山镜和六山镜）、菱纹镜、禽兽纹镜、蟠螭纹镜、羽鳞纹镜、连弧纹镜、彩绘镜、透雕镜、金银错纹镜和琉璃镶嵌镜等多种。下举几例：

战国中晚期的“四兽镜”（图 7-1），1952 年于湖南长沙斗笠坡出土。该镜为弦纹钮，羽状蟠虺纹地上饰有四兽，兽的形态怪异，狐面鼠耳，长尾翻卷，四肢被夸张地撑开顶住边缘。这类兽纹在战国铜镜中较多，兽形也以涡卷的曲线构成，形态夸张，具有很强的运动感。

图 7–2　错金银斗兽纹镜　战国中晚期

战国中晚期的“错金银斗兽纹镜”(图 7–2)相传为河南洛阳金村出土,现藏于日本永青文库。镜背上有圆形钮座,周围装饰着错金银图案。装饰以三朵卷云纹将圆形饰面等距分割,卷云纹呈对称形式,在与中心圆边相接处可以明显地看到从卷云中伸出的兽足,对称的卷云如两条相交的巨龙顶天立地支撑起了一片空间。在被分割出来的空间内分别装饰着三组纹饰,其中一组非常明确地表现了一个骑在马上的骑士正手持短剑刺向一类似虎豹之兽, 场面惊心动魄,当为该镜纹饰的中心内容。另外两个空间内所表现的内容比较奇异,一组为两个似人非人的怪兽,作张牙舞爪之状;另一空间内所饰之形更为诡异,似禽非禽,似云非云。从这两组富有神话色彩的纹饰形式可以看出,它们与卷云纹有着某种内在的联系,一眼望去就犹如翻卷自如的云纹。因此，整件纹饰除了骑士斗兽这一内容可以被明确辨认外，其他内容似乎都笼罩着一层神秘的色彩，这就为图像的解读增加了难度。

"嵌玉琉璃镜"（图 7-3）为战国中晚期时器物，相传于河南洛阳金村出土。这件铜镜的背面装饰着与众不同的琉璃和玉，显得非常别致。中央为圆形蓝色琉璃，其外套以玉环；周围嵌蓝色琉璃，琉璃上均有白色圆圈（有的称之谓"目纹"）纹饰，这在当时的琉璃球装饰品中是常见的；外缘嵌饰以索纹玉环。这样的铜镜显然不是一件日常的实用品，而是一件非一般人所能享用得起的奢侈品。

图 7-3　嵌玉琉璃镜　战国中晚期

图 7–4 斗兽纹镜 秦

秦汉时期，特别是汉代，广泛应用的铁器和蓬勃发展的漆器与陶瓷器逐渐地取代了青铜日用品的地位，我国青铜工艺的鼎盛期已经过去。但是，汉代的铜镜铸造却获得了很大的发展，从铸造技术到装饰艺术都达到了一个新的高度。当时所流行的铜镜大致有：蟠螭纹镜、蟠虺纹镜、草叶纹镜、星云镜、连弧纹铭文镜、重圈铭文镜、规矩纹镜、四乳禽兽纹镜、多乳禽兽纹镜、连弧纹镜、变形四叶纹镜、神兽镜、画像镜、夔凤纹镜和龙虎纹镜等。此举几例：

秦代“斗兽纹镜”（图 7–4），1975 年于湖北云梦睡虎地出土。弦钮方座，勾连云纹衬地，并饰以密密的点纹。两武士各站一边，均一手持盾一手操剑，各对其前上方的兽作欲搏之状。秦代铜镜所见甚少，此镜虽出土于楚地，但装饰风格却无疑是受到中原文化影响的。

西汉“连弧纹彩绘镜”（图 7–5），1963 年于陕西西安红庙坡出土。以彩绘手法作器物的装饰是中国古代工艺美术中常用的方式，从陶器、漆器、木器到青铜器都可见到。汉代彩绘尤盛，但由于彩绘装饰不易保存，所以我们现在能够见到的保存效果较好的彩绘器物还是非常珍贵的，特

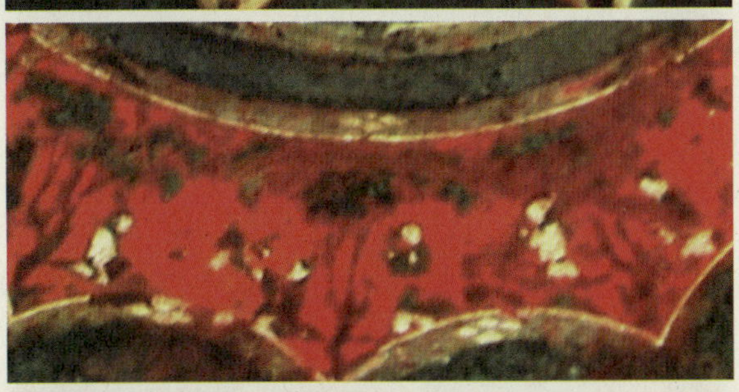

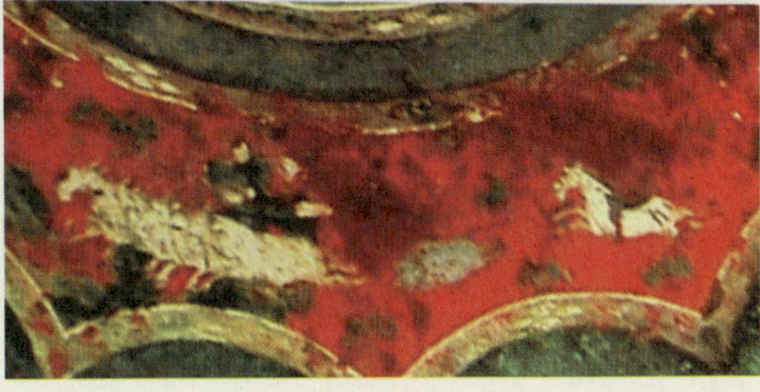

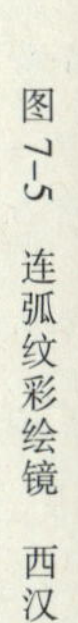

图7-5 连弧纹彩绘镜 西汉时期

别是保存完好的彩绘青铜器装饰更是稀罕。这件西汉时的铜镜背面以红绿对比色为主调进行绘饰，主要纹饰分布在内外两圈。内圈以浅绿色为地，上绘深绿色云气纹，并间以红色八瓣花朵，白色点布其间；外圈为红色地，上绘有人物出行、狩猎、林中会友等，装饰作一字排开构图，人物动态多样而生动，骏马飞奔，奔马的形象准确而富有动感。其装饰手法和装饰风格与同时期其他工艺门类中的彩绘是一致的，如陶器和漆器等。这将有助于我们对汉代装饰艺术的了解和研究。

图 7-6　昭明透光镜　西汉时期

西汉的"昭明透光镜"(图 7–6),球形钮座外饰以连弧纹,内饰为环绕钮座的铭文 24 字,宽缘无饰。此镜对着光源能够映出与镜背相似的纹饰,具有反射光影的奇异效果,故称"透光镜"。根据研究,人们发现这种透光的效果是由于制镜过程中使镜面产生与背纹相对应的微小起伏而造成的。以这种工艺制成的铜镜目前仅发现不多的几例。

东汉时期的"伍子胥画像镜"(图 7–7),镜背装饰为历史故事画像,表现的是春秋时吴国大夫伍子胥的事迹,这也是汉代铜镜装饰中所常见的画像主题。铜镜为圆钮,钮座周边饰有联珠纹;中心纹饰部分以四乳钉等距分开,每个乳钉周围都饰有一圈连珠纹。画像纹饰以浮

图7-7 伍子胥画像镜 东汉时期

雕的手法制成，分别安排在由乳钉所分割的四个空间内。人物均头部朝向镜钮，故呈放射状排列。其一是作持剑自刎之状的伍子胥，昂首仰面，长髯随风飘起，毅然举剑于颈，表现出一种忠臣的傲然气节，下有铭文“忠臣伍子胥”；一为吴王夫差，悠然端坐于帐幔之中；一为席地而坐作交谈之状的越王与其大夫范蠡；最后一组为两位着长裙相对而立的女子，旁有铭曰：“越王二女”或“玉女二人”。

据史书记载，伍子胥，名员，字子胥。其父伍奢为春秋时楚国大夫，因被少傅费无忌所谗而被诛。伍子胥被迫逃离楚国，经宋国、郑国，最后入吴，后帮助阖闾夺取王位，并辅佐阖闾攻破楚国，为父雪耻。当时，“吴以伍子胥、孙武之谋，西破彊楚，北威齐晋，南服越人”（《史记·卷六十六·伍子胥列传第六》）。然而，吴王阖闾死后，其继位者吴王夫差不顾伍子胥等人的反对，听信太宰嚭之言与越国结好，并赐剑伍子胥令其自刎。最终吴被越王勾践所灭。伍子胥则名垂于世。

图 7-8　狩猎纹镜　唐

画像中与越王交谈的——范蠡是越国大夫，越为吴所败时曾作为人质留在吴国两年，回越后协助越王勾践灭亡吴国。该铜镜纹饰正是通过这样几个画面来反映这一历史故事的，彼此虽不构成一个画面且处于不同的时空，却能让观者在连环画式的图像中联想出这一历史故事的概貌。

三国魏晋南北朝时期的铜镜主要有神兽镜、变形四叶纹镜、夔凤纹镜和瑞兽镜等。特别是受佛教影响的佛像镜最具时代特色。唐代将我国的铜镜艺术发展到了历史的最高峰，在装饰手法上出现了金银平脱、螺钿镶嵌、浮雕等；装饰内容也空前丰富，如鸳鸯、并蒂莲开、雀鸟衔花、宝相花、蝶恋花、同心结、鸾凤衔绶、人物故事、神话传说以及吉祥文字等。此举三例：

图 7–9　银背菱花镜　唐

唐代“狩猎纹镜”(图 7–8),1955 年于陕西西安东郊出土,球形钮,八角形钮座。其浮雕形式的纹饰绕中心而设,四骑士正各逐一猎物,两骑士正张弓拉箭,一骑士手持长矛,还有一骑士作掷套索的瞬间姿态;猎物正拼命逃窜,在间隙处点缀以花草飞禽;周边饰以飞鹤祥云。整件装饰显得生动异常,体现了唐代艺术所特有的浪漫风格。

唐代“银背菱花镜”(图 7–9),1955 年于陕西西安东郊出土。其外形作菱花瓣式,钮为狮状瑞兽;内区以翻转缠枝为装饰骨架,六瑞兽攀缘其间;外区随菱花瓣分为八组,分别饰以花枝禽鸟,并以连续的花朵作边饰。该镜的浮雕装饰细腻工丽,并采用背部覆银工艺,是一件难得的工艺珍品。

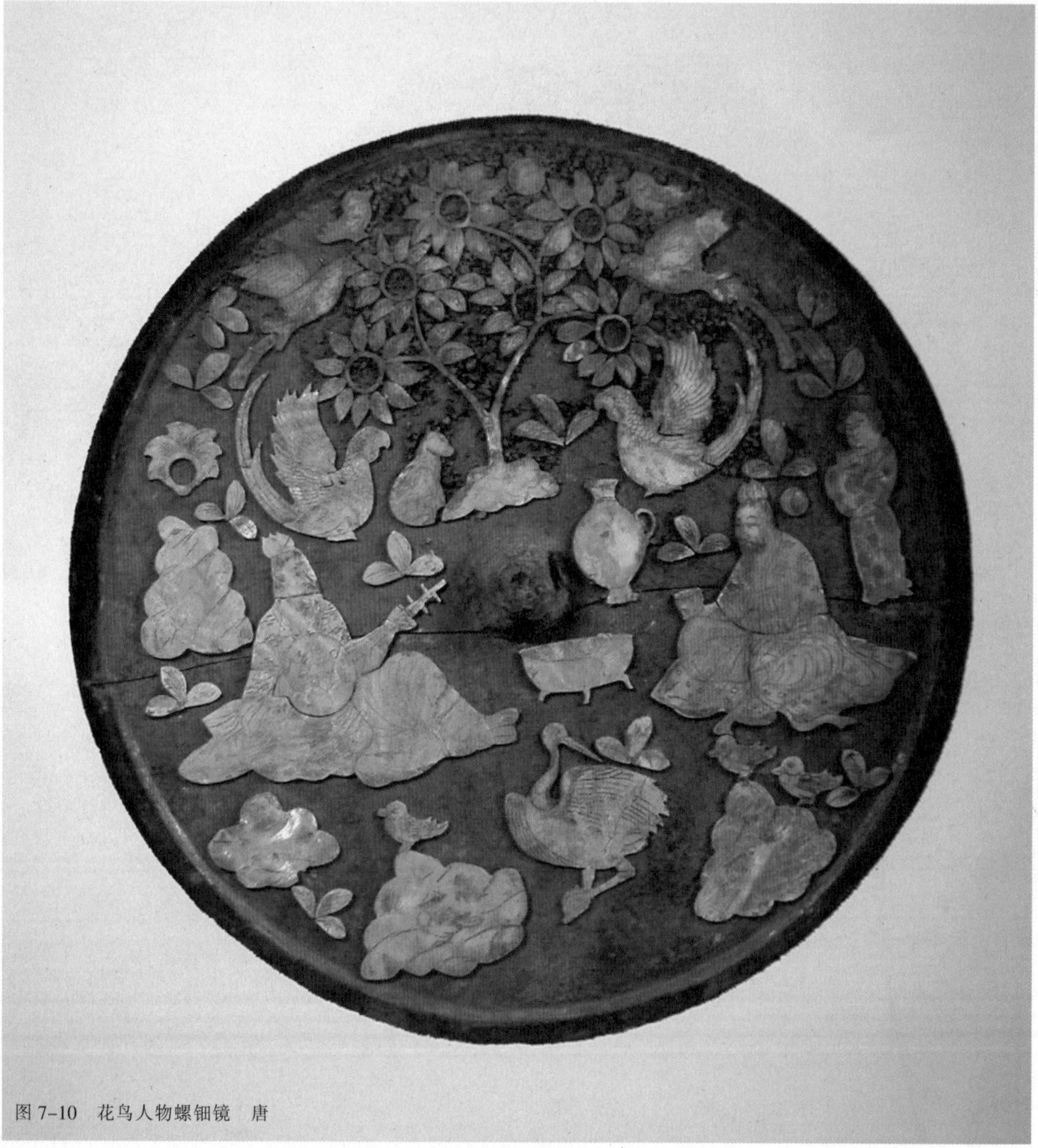

图 7-10　花鸟人物螺钿镜　唐

唐代“花鸟人物螺钿镜”(图 7-10)，背面用漆粘贴螺蚌贝壳饰片，构成有一定场景的装饰画。在钮的上方有一株花繁叶茂的花树，上有明月一轮，下有一对振翅欲飞的鹦鹉；左右各端坐一人，一人手弹琵琶，一人手持酒盅，身后有一侍女，双手捧盒；下有仙鹤和水池。

宋元以后，铜镜工艺逐渐衰落，装饰风格变得纤细，制作也显得比较粗糙，装饰内容除了常见的缠枝花朵外，还出现了许多表现现实生活内容的纹饰，如踢球等。

总之，作为青铜器门类之一的铜镜艺术具有自己独立的系统和规则，形式多样，尤其是镜背的纹饰，反映出了古代人民艺术创造的智慧与才华。(图 7-11~16)

图 7-11　内联弧长宜子孙镜　东汉时期

图 7-12　剪纸纹十六连弧对鸟镜　东汉时期

图 7-13　幽炼三商镜　东汉时期

图 7-14　凤凰戏牡丹铜镜　唐

图 7–15 草叶纹铜镜 西汉时期

图 7–16 眙明连弧铭带铜镜 西汉时期

后记

最初接触中国青铜器艺术是在读大学本科的时候，当时有两门课让我开始对青铜器艺术产生兴趣，一门是工艺美术史课，还有一门是装饰图案课。记得当时我对青铜器的名称、时代分期和铸造工艺之类的内容还弄不太清楚，而且本来也不是太有兴趣，而青铜器那凝重浑厚的造型和神秘美妙的纹饰却给了我极大的震撼。从临摹到模仿，乐此不疲，这样，我对青铜器艺术可以算是有了一个感性的初步认识。

20 世纪 90 年代初，跟随张道一先生编绘十二卷本《中国图案大系》时，使我有机会将包括青铜器在内的中国传统装饰艺术作一个系统的梳理。就青铜器艺术而言，从二里头文化期到秦汉时代，搜集材料、复制摹绘以及按时代顺序进行编列后，一条完整的发展变化脉络就清晰地呈现了出来，这就比开始时单纯的感性认识要深入了一步，脑海中有了一个比较完整的发展关系图谱。2001 年，我应《中国美术教育》杂志副主编张恒翔先生之约，开始撰写《中国青铜器艺术鉴赏》，为一般读者鉴赏青铜器艺术提供一个门径，每期一篇，一年共写了六篇，力求图文并茂，这也是我首次将对青铜器艺术的感性认识理性化地表述出来。为此，我专门查阅了不少相关文献资料，这为后来的理论研究奠定了基础，也是本书得以与读者见面的前提准备。

本书在原《中国青铜器艺术鉴赏》的基础上作了较大的修正和扩充，并增加了“广汉三星堆青铜器艺术”和“铜镜艺术”两篇；“春秋战国时代的青铜器艺术”一篇收自我所撰写的《先秦工艺美术史》，也对原文作了适当的增删；其他各篇也都有不同程度的调整，增加了实例解析。就形式多样、意蕴丰富的中国古代青铜器艺术而言，本书所及不过是一种“摘要”，也但愿能够真的择到要处，否则，若是误导了开卷者就是罪过了。

感谢西南师范大学出版社编辑王煤女士为本丛书的顺利出版所付出的辛劳，感谢每一位参与本丛书撰写的作者，也感谢所有对本丛书的出版付出过辛劳的幕后工作者。

倪建林

于金陵得闲居春

图书在版编目(CIP)数据

青铜艺术:冶铸文明/倪建林著. —重庆:西南师范大学出版社,2009.2

ISBN 978-7-5621-4388-8

Ⅰ.青… Ⅱ.倪… Ⅲ.青铜器(考古)—研究—中国—古代 Ⅳ.K876.414

中国版本图书馆 CIP 数据核字(2009)第 003935 号

中华传统艺术教育系列

主编 倪建林

青铜艺术:冶铸文明

著者 倪建林

出版人 周安平

策划 李远毅 王 煤

责任编辑 王 煤

特约编辑 郭 程

封面设计 见 林 梅木子

版式设计 王 煤

出版发行 西南师范大学出版社

网址 www.xscbs.com

中国·重庆·西南大学校内

邮编 400715

经销 新华书店

制版 重庆市金雅迪彩色印刷有限公司

印刷 重庆康豪彩印有限公司

开本 889mm×1194mm 1/16

印张 7

字数 202 千字

版次 2009 年 6 月第 1 版

印次 2009 年 6 月第 1 次印刷

书号 ISBN 978-7-5621-4388-8

定价 44.00 元